ANDRÉ ALBRESPY

INFLUENCE

DE

LA LIBERTÉ

ET DES IDÉES RELIGIEUSES ET MORALES

SUR LES

BEAUX-ARTS

PARIS

LIBRAIRIE INTERNATIONALE

15, BOULEVARD MONTMARTRE

A. LACROIX, VERBOECKHOVEN & Cᵉ, ÉDITEURS

A Bruxelles, à Leipzig et à Livourne

1867

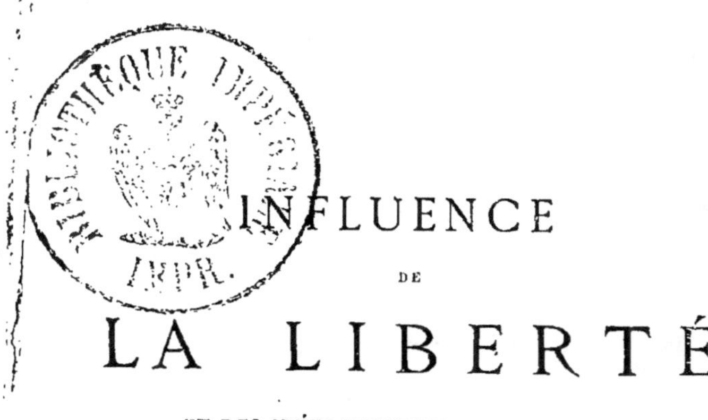

INFLUENCE

DE

LA LIBERTÉ

ET DES IDÉES RELIGIEUSES ET MORALES

SUR

LES BEAUX-ARTS

PARIS. IMP. L. POUPART-DAVYL, 30, RUE DU BAC.

ANDRÉ ALBRESPY

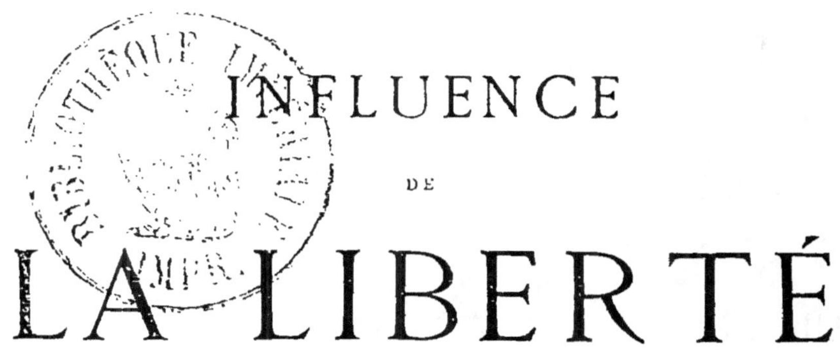

INFLUENCE

DE

LA LIBERTÉ

ET DES IDÉES RELIGIEUSES ET MORALES

SUR LES

BEAUX-ARTS

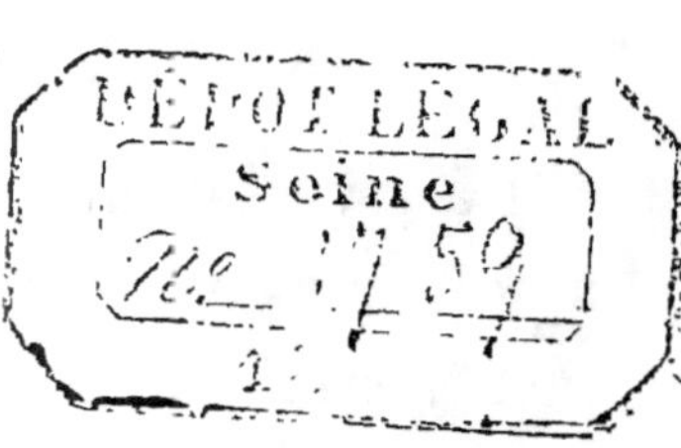

PARIS

LIBRAIRIE INTERNATIONALE

15, BOULEVARD MONTMARTRE

A. LACROIX, VERBOECKHOVEN & Cᵉ, ÉDITEURS

A Bruxelles, à Leipzig et à Livourne

1867

INFLUENCE

DE LA

LIBERTÉ & DES IDÉES RELIGIEUSES

& MORALES

SUR LES BEAUX-ARTS

> L'art périt, parce que le principe
> moral qui en eſt l'âme s'eſt éteint.
>
> LAMENNAIS.

La civilisation gréco-latine était arrivée
à son extrême décadence à la fin de l'empire romain, mais à l'ombre de ses immenses ruines grandissait une nouvelle civilisation intellectuelle, religieuse, morale,
qui devait à son tour gouverner le monde.
Dans sa première période, le chriſtianisme
lutte avec ses armes spirituelles contre le
despotisme des empereurs romains ; il n'a
qu'une ambition, celle de réveiller, de res-

susciter, de purifier les âmes ensevelies dans le sensualisme, perverties par le matérialisme le plus perfectionné.

C'eſt la plus belle époque de son histoire que celle où, se souvenant de ses origines & de ses deſtinées, il ne songe, suivant les paroles de son divin fondateur : « Mon royaume n'eſt pas de ce monde, » qu'à préparer des êtres à une vie future, sans vouloir diriger les intérêts d'ici-bas.

Lorsque le chriſtianisme monte sur le trône avec Conſtantin, il subit les vicissitudes de l'empire & finit par lui succéder en s'inoculant une grande partie de ses vices traditionnels. Les Églises diverses basées sur les préceptes du Chriſt sont absorbées & fondues dans une religion uniforme & indivisible, c'eſt-à-dire celle d'une seule ville, Rome, imposée despotiquement à tout l'univers comme la vérité infaillible possédant, surtout aux yeux des populations, le plus grand preſtige, celui de succéder à l'empire romain.

Les barbares ne purent résiſter à cette

double puissance & se civilisèrent à cette double lumière de l'antiquité & du catholicisme alliés ensemble. Pour ne pas froisser les populations dans leurs habitudes de cérémonies & de fêtes, Rome continua ces anciennes traditions, elle en adopta la plus grande partie en les *chriſtianiſant*, c'était le moyen le plus habile pour arriver rapidement à une puissance inconteſtable, à une absorption complète de toutes les divergences d'opinions & de culte & à leur réunion dans une seule forme.

Cette nouvelle civilisation, qui eut ses grandeurs & ses bienſaits, s'eſt appelée catholico-féodale. Par ses croyances chrétiennes c'était un progrès après le paganisme, mais ce fut un progrès incomplet, parce que ce fut la continuation du despotisme romaino-chrétien au lieu d'être païen. Le monde, après avoir cru être émancipé par la loi de l'Évangile, qui eſt une loi d'amour & de liberté, se trouva de nouveau asservi & en tutelle, incapable de vivre & de mourir sans le secours de ses maîtres spirituels. L'Église conduisait les peuples comme des enfants, leur défendant de penser en leur imposant sa science, sa philosophie, son dogme, les prenant à leur naissance jusqu'à leur mort, & leur ouvrant ou fermant à volonté, suivant leur obéissance, les portes du ciel, ou les effrayant d'un enfer tout païen par ses flammes & ses tortures.

Le moyen âge a eu de grands écrivains qui l'ont flatté outre mesure, d'autres qui l'ont jugé avec une haine démesurée, peut-être parce que les uns voudraient le voir revivre en tout ou en partie, d'autres parce qu'ils en ressentent encore la funeste influence qui persiste malgré toutes les guerres & toutes les révolutions. En somme, c'était une époque d'enthousiasme, de foi crédule, de poésie, de naïveté, un mélange incohérent de mœurs grossières, sanguinaires, chevaleresques, d'actions généreuses & chrétiennes, de libre pensée & de superstition.

La plus grande gloire du moyen âge est

d'avoir créé l'architecture gothique, le ftyle vraiment chrétien, qui fera toujours vibrer le cœur d'un artifte & l'âme d'un croyant. L'art ogival, c'eft le ftyle byzantin modifié, perfectionné par la science maçonnique rapportée d'Orient par les Croisés. C'eft la nature de la civilisation & non le degré de la civilisation qui produit les époques d'art. Aussi le moyen âge, bien moins civilisé que le nôtre, a cependant produit un art plus original, tandis que nous, enfants très-civilisés du dix-neuvième siècle, nous vivons, comme conception d'art, des œuvres du passé & nous n'avons pas encore trouvé un art qui nous caractérise.

C'eft le peuple qui dans sa foi naïve, exaltée, eut cette inspiration, bien supérieure à celle des papes qui, en faisant conftruire Saint-Pierre de Rome, ne firent que continuer la tradition pagano-romaine.

Comme expression de la prière qui monte vers le ciel, la coupole eft inférieure à la flèche gothique par la raison toute naturelle de sa forme ; le regard, pour se perdre dans l'infini, eſt trop frappé de cette masse qui brille au soleil en s'arrondissant.

C'eſt dans le nord de notre belle France, à Chartres, Reims, Paris, que l'on peut admirer les œuvres les plus sublimes de cette création immortelle. La France peut être fière d'avoir la première conçu cette œuvre de génie, & d'en avoir enrichi par son exemple l'Angleterre, l'Allemagne & le midi de l'Europe.

C'eſt au treizième siècle, à la plus belle époque du moyen âge, sous saint Louis, le héros qui le personnifie dans tout ce qu'il a eu de grand, que s'élancent vers le ciel ces aspirations vivantes des âmes chrétiennes altérées de juſtice & de vertu, s'élevant dans leurs pensées vers les régions supérieures, espérant dans la toute-puissance de l'Invisible pour recouvrer la paix & la liberté.

Lorsqu'on pénètre dans une église gothique on eſt porté au recueillement malgré soi, le soleil n'éclaire les grandes lignes des voûtes qu'à travers le prisme éblouissant des vitraux coloriés. Tout eſt calme & profond, on eſt à mille lieues de la lumière éclatante du dehors & des bruits de ce monde. Si l'église eſt solitaire & que l'orgue faſſe entendre ses accords puissants & majeſtueux, on se sent porté vers les demeures céleſtes. Tout concourt à vous remuer l'âme, c'eſt de l'art le plus élevé & le moins matérialiſte parce qu'il eſt produit par une harmonie complète des éléments qui frappent les cordes les plus sensibles de notre nature.

Le moyen âge suivait la tradition de l'antiquité en réunissant tous les arts dans leur suprême beauté, mais c'était pour glorifier le Dieu des chrétiens, & chaque pierre des édifices reproduisait une des merveilles de la création, chantant un hymne en son honneur. C'était aussi une prière éloquente pour implorer le Dieu de juſtice & de grâce dans une époque d'injuſtice & de guerre.

Après que l'école monaſtique, immobile

& routinière sous un régime théocratique
ennemi de tout progrès, eut cessé de prati-
quer exclusivement les arts, les corpora-
tions laïques lui succédèrent. Le peuple,
d'auxiliaire, devint le chef, & bientôt il
parvint à créer des monuments de sa
propre inspiration, sa pensée s'incrufta
dans toutes les pierres des édifices, se peignit sur les vitraux & les voûtes, lé-
guant aux âges de l'avenir son amour de
la liberté, son horreur de l'oppression. Les
rois, la noblesse féodale, le clergé, souvent
en guerre, ne faisaient guère attention à
cette proteftation muette, se laissaient per-
sifler & même tourner en ridicule.

Les progrès de l'architecture furent ra-
pides; mais, comme dans toute œuvre humaine, la décadence était à côté de la grandeur. On perdit la naïveté, l'originalité, en
voulant trop modifier, embellir, & l'on
arriva au ftyle flamboyant qui eft la décadence du gothique. La science, le raisonnement entrèrent désormais dans la construction architecturale, mais ce qu'elle

gagnait d'un côté, elle le perdait de l'autre. La simplicité, le caractère individuel disparaissent ; on veut étonner, on déploie une science exagérée, & l'art y succombe.

II

L'esprit humain marche à pas lents, mais sûrs, dans l'obscurité du moyen âge, sous la main de fer de la féodalité & la chape de plomb du clergé. L'étude de l'antiquité ne fut jamais abandonnée, le moyen âge ne l'avait pas tuée, elle était morte bien avant le chriftianisme, & c'eft le christianisme qui la ressuscita même en plein moyen âge, du onzième au quinzième siècle, en profitant de ses enseignements qui l'aident à former un nouvel idéal. Après notre grand Thibaut & bien d'autres poëtes & trouvères français injuftement inconnus, devanciers précurseurs des Italiens, les Giotto d'un futur Michel-Ange,

aparaissent un nouvel Homère, le Dante,
« un Luther anticipé de trois siècles, réunissant dans son poëme les souvenirs de
l'antiquité, la science théologique, l'imagination & la passion (Villemain) ». Pétrarque, enthousiafte de l'antiquité, cher-
chant les vieux manuscrits, relisant sans
cesse Tite-Live, Cicéron, César, s'écriant :
« Oh! quels hommes que ces Romains!
que j'aurais voulu vivre de leur temps! »

« C'eft dans les écrits de Pétrarque qu'on
aperçoit pour la première fois l'influence de
cette espèce de république littéraire qui se
forma vers le moyen âge, pouvoir diftinct
de l'Église & de l'État, & dont la trace se
trouve plus tard dans les immortels écrits
du président de Thou. Le lien de l'Europe
avait d'abord été seulement théologique;
c'était la religion parlant latin; il devint au
quatorzième siècle philosophique & littéraire. D'Allemagne, d'Italie, d'Espagne,
de France, on se communiquait, on s'en-
tendait pour la recherche des monuments.
Ce fut une première confédération des es-

prits éclairés au milieu de cette Europe
asservie de tous côtés par la puissance
ecclésiaſtique & la domination féodale. »
— Villemain.

Ne croirait-on pas qu'il s'agit du seizième siècle, de la renaissance, & de cette
confédération d'esprits supérieurs, tels
qu'Érasme, Budé, Mélanchton, Luther?
Ces grands conducteurs des rois & des
peuples avaient donc eu des prédécesseurs,
& c'eſt avec eux, au quatorzième siècle,
que commencent la décadence du syſtème
catholico-féodal & la naissance de l'ère
moderne, qui s'inaugure par le réveil de
la liberté de l'âme & de l'esprit, & un retour plus marqué vers les œuvres de l'antiquité. Le moyen âge avait servi d'intermédiaire utile & nécessaire entre l'antiquité
usée, vieillie, & l'ère moderne. Le catholicisme marquait ses populations d'une empreinte nouvelle chrétienne, & peut-être
fallait-il ce despotisme momentané pour
passer des faciles jouissances du paganisme
à l'auſtère sévérité du chriſtianisme. Le

barbare, homme positif par ses mœurs, son éducation, avait besoin d'être conduit avec autorité, afin de grandir & de savoir un jour se conduire & jouir d'une entière liberté. Au quatorzième siècle, il se levait déjà à l'horizon de lumineuses étoiles pour guider les populations dans cette nouvelle voie; les cloîtres laissaient se répandre au dehors les manuscrits, ces trésors de l'esprit humain. Le dépôt qui leur avait été confié à l'époque des chocs de races & des bouleversements de société avait été conservé intact, sauf de rares exceptions.

L'art avait péri sous le déluge des barbares, on s'occupait surtout d'orner des missels & des manuscrits. Le chriftianisme avait commencé par excommunier les auteurs des copies de l'antique, il craignait le retour de l'idolâtrie. Dès que le christianisme devint le catholicisme conftitué en monarchie, il se servit de l'art comme d'un grand moyen de propagation, mais il limita les sujets, qui devinrent traditionnels, & s'opposa à toute étude de l'antique

& de la nature; l'art fut un dogme infaillible. L'obscurité la plus grande persiste
pour la peinture jusqu'à la moitié du treizième siècle.

C'est Pise qui est le berceau de la renaissance; la première, elle donna une impulsion aux arts, surtout à l'architecture, qui
acquit, grâce à son génie, un caractère tout
particulier. Aussi ses édifices procèdent du
gothique & de l'art grec, non-seulement
comme style, mais par les nombreux frag-
ments antiques que l'on a su employer
avec habileté dans leur construction.

Les œuvres de Nicolas de Pise, architecte & sculpteur, furent créées trois cents
ans avant que Michel-Ange pût les admirer à Florence, à Pise, à Bologne, à Padoue. Jean de Pise fut digne de son père;
son élève est l'architecte de Santa-Croce à
Florence. André est le fondateur de l'école
florentine, d'où sont sortis Donatello, Brunelleschi, Ghiberti & Verocchio, les précurseurs ou les maîtres de Léonard de
Vinci & de Michel-Ange.

Le Dôme, la Tour penchée, le Campo-
Santo & le Baptiſtère sont quatre monuments réunis dans un espace immense &
désert, éloignés de la ville de Pise, qui n'a
pu, à cause de sa décadence politique,
aller les rejoindre. Le Dôme eſt le premier
qui ait été élevé en Italie, & il a servi par
conséquent de modèle à tous ceux que
possède cette terre si riche en monuments.
L'architecture extérieure eſt monotone; les
petites colonnes, quoique d'un ordre dif-
férent, sont si nombreuses dans leur su-
perposition, qu'elles produisent de loin un
effet uniforme & font paraître l'édifice nu
& peu grandiose. En revanche, l'intérieur
de l'église eſt d'un effet très-imposant &
supérieur à celui des dômes de Sienne &
de Florence; il eſt le seul en Italie, avec le
dôme de Milan, où l'on voie des vitraux
coloriés. La coupole qui couronne le dôme,
sans intérêt par elle-même, en acquiert
par le temps où elle fut élevée.

« Avant ce monument, dit Quatremère
de Quincy, rien chez les peuples modernes

ne donnait soit l'idée, soit l'exemple d'un dôme, c'eſt-à-dire d'une voûte sphérique au haut d'un tambour formant en dehors une masse réunissant les quatre branches d'une croisée. »

Vers la même époque, au onzième siècle, avait été bâtie l'église de Saint-Marc avec ses coupoles byzantines rappelant celles de Sainte-Sophie. Mais les moitiés de sphère ne sont rien à côté de la coupole du Dôme de Florence. L'Italie avait continué la tradition romaine & n'avait pas subi l'influence gothique des peuples du nord, sauf à Pise, où commence le réveil des études savantes; on ne se contente plus de construire du romain, on veut surprendre les secrets de leur science pour mieux faire & leur emprunter ce qu'ils ont de beau & de grand pour le réunir au gothique. C'eſt là le grand œuvre de Brunelleschi, qui, préférant l'ogive au plein cintre, voulut marier les deux ordres. Sa science des mathématiques fut si grande qu'il réussit à élever dans les airs une coupole de cent trente pieds de diamètre, intérieur, se soutenant par elle-même. Ce prodige n'a pas été dépassé, car Michel-Ange, un siècle après, n'a réussi qu'à conftruire la coupole de Saint-Pierre, qui eft plus petite d'un pied & qui eft blindée.

L'opinion de Michel-Ange eft du refte d'une haute portée; il avait dit, en admirant cette merveille de science : « Il eft difficile de faire aussi bien, il eft impossible de faire mieux. » C'eft l'œuvre capitale de l'architecture de la renaissance. C'eft à partir de cette époque, le quinzième siècle, que le gothique disparaît peu à peu en Italie pour laisser la place à l'antique.

Brunelleschi fut un homme de génie, le plus grand architecte de l'Italie, parce qu'il sut étudier les deux ftyles & se les approprier sans en exclure un de parti pris, & eut l'ambition de chercher à conftruire une œuvre plus remarquable encore que celle de ses prédécesseurs.

III

C'eſt maintenant l'Italie qui remplace la France à la tête de la philosophie, de la poésie, des beaux-arts. Le génie chrétien des nouvelles races, des anciens barbares, s'efface, pour laisser revivre le génie éteint de la vieille race romaine.

De même que pour l'architecture, c'eſt à Pise, au Campo-Santo, que l'on peut comprendre les débuts de la peinture de la renaissance. Cimabue, à peine échappé des langes de l'école byzantine en décadence, supérieur par son talent à tous ses devanciers, fait pressentir le chef nouveau qui va paraître, Giotto, dont le génie inaugure le règne de l'expression, de la

grâce naïve, du ftyle allégorique. Il eft pour
la peinture ce que le Dante eft pour la poésie. On reconnaît dans les œuvres du peintre l'influence produite par son illuftre ami ;
le premier il étudie l'antique & la nature,
mais il conserve dans toute sa force la foi
chrétienne des peintres byzantins de la
meilleure époque, dont il continue toujours
de s'inspirer.

On peut étudier les fresques des deux
Orcagna, de Buffalmacco, de Benozzo,
Gozzoli. La fresque la plus remarquable
eft d'Andrea Orcagna, l'illuftre architecte
de la Loggia dei Lanzi de Florence. Le
sujet qu'il a représenté eft *l'Empire de la
Mort, la Danse des Morts*, ou *le Triomphe de la Mort*, comme on voudra l'appeler ; enfin la mort eft le sujet principal, &
elle eft représentée comme on la comprenait au moyen âge, hideuse & pleine d'é-
pouvante. Des incurables implorent la
faux, qui eft *la fin de toute douleur ;* mais
elle préfère s'attaquer à la jeunesse parée
de tous les dons de la fortune, de la puis-

sance & du bonheur. Rien n'eſt respecté, & des démons grotesques s'emparent des âmes d'une foule d'évêques, de rois, de moines, de religieuses, de guerriers, qui gisent à terre les uns sur les autres. L'idée eſt terrible, l'expression & la composition sont bien en rapport, mais le dessin eſt d'une simplicité qui parfois fait naître un sourire involontaire.

L'épisode le plus saisissant eſt une noble cavalcade de jeunes seigneurs qui, dans une partie de chasse, s'arrête brusquement devant trois tombes ouvertes où reposent des cadavres de trois rois à différents degrés de décomposition. Les physionomies des assiſtants sont toutes diversement agitées, quoique exprimant la même terreur. Cet avertissement de notre fin commune au milieu du plaisir a quelque chose de poignant & de profond, & porte forcément à des réflexions bien sérieuses.

Le Jugement dernier, du même peintre, quoique offrant des détails saillants, entre autres *le Chriſt & la Vierge*, eſt cependant inférieur, comme composition, à la fresque précédente ; on se sent porté malgré soi à se demander ce que Michel-Ange a pu emprunter à cette œuvre qui inaugure la renaissance, & que bien des peintres ont dû consulter. Certes, si la composition du grand maître florentin eft supérieure par la grandeur du dessin, la correction & la science, elle lui eft inférieure par le sentiment religieux, l'expression des figures, la noblesse du ftyle, la simplicité & la naïveté, enfin pour ce que donne la foi & non l'étude.

Ce qui augmente la gloire d'Orcagna, c'eft de se rendre compte qu'il a puisé le sujet du *Triomphe de la Mort* dans sa propre imagination, qu'il eft un génie créateur, & que si on l'accuse de s'inspirer du Dante, cela ne peut être que pour *le Jugement dernier* & *l'Enfer*.

Les deux frères Orcagna ont aussi retracé *la Vie & le Paradis*, hiftoire de l'homme depuis sa naissance jusqu'à l'éternité.

Tout dans le Campo-Santo parle du moyen âge, l'explique, le fait revivre aux yeux de celui qui le visite. Cette terre qu'on foule a été rapportée, par les chevaliers pisans, de la Paleſtine, pour que les cendres de leurs grands hommes pussent reposer en terre sainte. Tout autour règne un cloître en forme de parallélogramme ; à travers ces colonnettes sveltes, gracieuses, & ces arabesques d'un dessin si léger qu'on les croirait en dentelles, on aperçoit les peintures à fresque qui couvrent les murailles. C'eſt le cimetière le plus remarquable de l'univers, un des monuments les plus pieux que l'homme ait édifiés ; mais je crois que ce n'eſt qu'au moyen âge qu'on a pu être inspiré par de telles idées d'effroi & de terreur, & les exprimer avec une confiance aussi naïve & aussi exaltée.

Tout parle de la mort dans cet édifice : les dalles que l'on foule portent des inscriptions qui rappellent aux vivants ceux qui ne sont plus. Mais l'unité chrétienne du monument a cessé d'exiſter, & l'on voit tout le long des murailles des sarcophages à sujets païens à côté de sujets chrétiens d'une grande beauté de sculpture. *L'Enfant Jésus & la Madone* de Jean de Pise sont à côté de *l'Amour & Psyché; Daniel dans la fosse aux lions* eſt voisin d'un petit groupe des *Trois Grâces*, fragment antique mutilé. Tous ces sarcophages, toutes ces sculptures antiques, *la Chasse de Méléagre, le Silène* & bien d'autres ont servi de modèles aux grands sculpteurs de Pise, & leurs œuvres sont presque arrivées à la perfeĉtion de celles qui les avaient inspirées.

Le progrès dans la peinture à partir de la renaissance vjent de l'étude de la nature appliquée à la tradition byzantine. C'était depuis longtemps le secret des merveilles de l'art gothique ; car l'architeĉture a toujours devancé les autres arts dans sa marche de progrès ou de décàdence.

De la fin du treizième siècle au commencement du quatorzième, de Cimabue à

Raphaël, il y a deux courants d'idées qui amènent à des résultats très-différents. Une école de peintres, s'appuyant sur les idées byzantines, choisissait ce que la tradition gréco-chrétienne avait de meilleur, lui imprimait une vie réelle en idéalisant les types que donne la nature, & arrivait par ses propres inspirations, l'amour du beau & du saint, à créer le beau antique sans l'avoir consulté. Parmi ces peintres, on peut citer Fra Angelico de Fiesole, Benozzo, Gozzoli. Fra Angelico, avant Raphaël, savait choisir dans les plus belles figures ce qui lui paraissait digne de composer l'idéal qu'il avait rêvé.

Ces peintres croyaient remplir un sacerdoce; ils prêchaient, eux aussi, en montrant dans leurs œuvres leur amour de la vertu & leur foi chrétienne. Buffalmacco, un des élèves de Giotto, disait : « Nous autres peintres, nous ne nous occupons d'autre chose que de faire des saints & des saintes sur les murs & sur les autels, afin que par ce moyen les hommes, au grand dépit des démons, soient plus portés à la vertu & à la piété. »

C'était encore la foi du moyen âge, mais avec un commencement de liberté religieuse. Les peintres communiquaient leurs pensées directement au peuple, chez lequel il exiftait un grand enthousiasme, comme par exemple au moment de la marche triomphale de *la Madone* de Cimabue dans les rues de Florence. C'était l'aurore de la renaissance, sa plus belle époque ; ce nom aurait pu exprimer alors le réveil de l'esprit de liberté chrétienne, tandis qu'il voudra dire plus tard résurrection de l'esprit païen.

L'art chrétien était devenu populaire ; il allait passer des mains des moines à celles des hommes du peuple, comme l'architecture gothique qui de monaftique était devenue laïque. Mais les deux arts eurent le même sort : si, pendant quelque temps, la tradition chrétienne fut agrandie par la vie chrétienne plus libre, plus individuelle, elle fut aussi anéantie bientôt par l'amour de l'antique & la perversité des mœurs.

A côté de l'école myſtique, il y en avait une autre, qui s'appuyait sur la nature, et consultait aussi l'antique, surtout dans ce qu'il avait de pur, de noble & de grand. Mantegna, le plus illuſtre de cette pléiade, paraissait avoir été surtout « frappé de la dignité sévère du caractère romain telle qu'elle eſt imprimée dans les monuments de l'art ».

Le Masaccio, élève de Giotto, surpasse son maître en ce sens qu'il ne se contente pas de reproduire la nature, il l'idéalise ; c'eſt le génie le plus créateur de la renaissance, celui qui servira de guide à Léonard de Vinci, à Michel-Ange, à Raphaël, dans cette voie que ces grands hommes parcourront en la semant de chefs-d'œuvre.

Dans ses tableaux, la main eſt encore inexpérimentée ; mais l'intelligence, la grandeur de la pensée se font sentir dans toute leur puissance.

Ghirlandajo, qui fut le maître de Michel-Ange, était l'élève de Masaccio ; il s'inspire encore plus que lui de la nature ; mais, s'il fait des portraits dans ses sujets hiſto- riques, il ne fait pas de tableaux religieux avec les portraits de ses contemporains. Il mélange avec bonheur l'idéal au réel & s'inspire de la tradition chrétienne, comme dans le tableau de *la Mort de saint Fran- çois,* qui eſt à Florence, où l'on admire les têtes de quelques-uns de ces vieux moines dont l'expression eſt pleine de pro- fondeur ; les larges plis de leurs robes pit- toresques sont aussi rendus avec une grande vérité, & les effets de lumière sont très-bien compris.

« *Venio nunc ad fortissimum virum ;* j'arrive maintenant à celui qui a été le dernier des précurseurs & le premier des grands maîtres, à l'initiateur de la peinture renouvelée, à l'artiſte le plus divers, le plus complet des temps modernes, au génie le plus original, le plus rare & le plus rayon- nant de l'Italie. »

Tel eſt le commencement de l'étude de Léonard de Vinci, par M. Ch. Blanc, dans le monument splendide élevé à la mémoire des peintres de toutes les écoles. Il eſt impossible de mieux résumer l'exiſtence de cet homme extraordinaire, dont tous les hiſtoriens sont enthousiaſtes ; car il réunissait en lui toutes les perfections physiques & morales, joignant, ce qui ne se voit presque jamais, aux qualités brillantes d'un grand seigneur, à la beauté, à l'esprit, la profondeur d'un savant & l'universalité de toutes les aptitudes, tellement qu'on se demande quel eſt celui qui a pu l'égaler dans son temps & dans le nôtre. Pour Léonard de Vinci, la peinture était un art d'agrément, car il se montrait aussi remarquable comme sculpteur, ingénieur. Il connaissait toutes les sciences & fut le précurseur de Copernic, Galilée, Bacon, Newton, Porta, Bernard Palissy.

L'esprit du grand Léonard était si bien nourri de l'antiquité que Michelet croit qu'avec la culture de l'esprit il en avait aussi les opinions & les idées.

Il était disciple de Platon & non pas
panthéifte, & il ne cessait pas pour cela
d'être chrétien.

Aussi je ne m'explique pas comment Michelet a pu dire « que, dans ses *Lédas*, le
Vinci marque intrépidement l'hymen des
deux natures, tel que la science moderne
l'a découvert de nos jours, & toute la
création retrouvée parente de l'homme. »

« Bacchus, saint Jean, la Joconde diri-
gent leurs regards vers vous; vous êtes
fasciné & troublé; un infini agit sur vous
par un étrange magnétisme... »

« Bacchus ou saint Jean, n'importe,
c'eft le même personnage à deux moments
différents. »

Je ne pense pas que Léonard de Vinci,
dans ses *Lédas,* ait voulu montrer qu'il
croyait à l'hymen des deux natures : il a
trouvé un sujet païen dans lequel il voyait
la possibilité de montrer une belle femme
nue dans une pose pleine de grâce & d'a-
bandon, sans trop blesser les regards, car
son cygne a bien l'air d'un cygne & n'a

aucun rapport dans son expression avec l'espèce humaine.

Quant au mélange du païen & du chrétien dans ses sujets, à ce traveſtissement de Jésus & de saint Jean en dieux païens, je ne l'ai vu nulle part dans ses tableaux, où respire une foi spiritualiſte très-élevée, un esprit chrétien des plus vrais & des plus saisissants, surtout dans sa *Sainte Cène* de Milan.

Lorsqu'on se trouve dans ce réfeέoire du couvent de Santa Maria delle Grazie, on se met à déplorer l'ignorance humaine, qui eſt cause qu'on n'a devant soi qu'un fantôme de tableau, un rêve qui va bientôt disparaître. Que ce soient des coups de sabre ou de piſtolet dus à des dragons français ou à des hussards autrichiens, des aέtes d'abétissement grossier & vandale commis par des moines, des résultats du temps qui n'en peut mais, tout cela ne fait rien à l'affaire, & malheureusement ces dégâts sont irréparables du jour où l'homme commence d'apprécier ce qu'il a méconnu

& perdu par son incurie, & qu'il n'eſt souvent pas digne de contempler.

Le soldat vaut bien le moine : pour l'un, la peinture a servi de cible; pour l'autre, c'était un obſtacle, & il a percé le mur dans les jambes de Jésus, afin de faire arriver de la cuisine les plats plus chauds.

Il y a égalité de sacrilége, égalité d'abrutissement, & quoique le monde marche, de pareils attentats se voient & se verront toujours, & il y a des moments de folie dans les révolutions même les plus légitimes & les mieux raisonnées où l'homme du pays le plus civilisé redevient bête féroce, brûle, brise de préférence ce qui eſt le plus beau, le plus illuſtre, & s'acharne sur des toiles & du marbre, comme s'ils étaient ses ennemis.

Lorsqu'on regarde attentivement la peinture du Vinci, qu'on s'isole sous une de ces grandes fenêtres du réfeſtoire pour que le jour ne vienne point dans les yeux & éclaire seulement le tableau, comme l'enthousiasme gagne rapidement ! On croit assifler à ce moment si plein d'émotion de la vie de Jésus. On lit cette page dans l'Évangile, & ce tableau eft la réalité que l'imagination se crée en rêve. Il n'exifle pas une peinture qui soit plus l'image d'une action humaine prête à disparaître : c'eft presque une apparition célefle.

La tête du Chrifl, telle que l'a conçue Léonard, eft la seule à l'abri des critiques, tant elle eft divine. Raphaël, Michel-Ange & le Corrége n'ont pas compris cette personnification du Chrifl & du chriflianisme, c'eft-à-dire ses perfections. Jésus a dit qu'un de ses apôtres le trahirait : son visage exprime la douleur d'avoir trouvé auprès de lui un homme assez méchant pour le haïr. Il y a une mélancolie, une douceur, une résignation si calme, si chrétienne, qu'on eft convaincu qu'il a dû être ainsi.

Autour de cette figure *surnaturelle* par son expression de mansuétude & de miséricorde, toutes les passions s'agitent, reflétées sur des types d'hommes de la classe populaire ; telles sont une énergie, une vitalité puissantes. On lit sur la physionomie de chaque apôtre son caractère diftinctif, depuis Jean, dont l'attitude révèle la tendresse & la beauté de son âme, jusqu'à Judas, qui a l'assurance endurcie & sombre du crime.

Le danger de la monotonie des poses devant cette table sainte où tous les personnages sont assis de front a été surmonté avec succès. Il y a un mouvement, une animation qu'on ne trouve à aucun degré dans aucun tableau. C'eft la vie du corps qui répond d'une manière énergique à la vie de l'âme, & Jésus les domine tous par sa grandeur & sa majefté.

Cette demi-teinte pâle qui colore à peine les contours sert encore mieux que la couleur la plus conservée & la plus brillante à donner cette illusion si nécessaire dans un sujet qui parle du Fils de Dieu.

Cette œuvre où la pensée, le dessin, le génie créateur humain sont poussés à leur dernière limite, place Léonard de Vinci à la tête des peintres & lui a bien mérité la qualification de divin.

Léonard a compris ce que devait éprouver l'âme immortelle d'un être divin en présence de ces événements qu'il prévoyait. Il a traduit cette expression, cette pensée, cette beauté intellectuelle que n'ont jamais essayé de reproduire les Grecs, puisqu'ils ne l'ont jamais sentie, leur idéal étant dans la forme & non dans la pensée.

Aussi, peut-on dire que le Vinci a été le plus grand peintre chrétien, dans le sens le plus large du mot, parce qu'il a créé un type qui satisfait pleinement tout homme qui le contemple, à quelque communion qu'il appartienne. C'eſt peut-être parce qu'il n'eſt pas catholique à la façon de Raphaël dans certains tableaux, qu'on l'a cru philosophe : on s'eſt trompé; il était éminemment chrétien dans cette création, puisque tous ceux qui ont eu le bonheur de l'admirer ressentent un calme, un bien-être, une mélancolie saine & fortifiante, une paix de l'âme que seul peut donner le souvenir vivant de la résignation & du sacrifice, à son degré le plus incomparable & le plus surnaturel.

Si Léonard de Vinci a senti & peint en chrétien, il a aussi senti & peint en Italien. Ses types de femmes, la Joconde surtout, ont une expression de sphinx; chez elle, la pensée n'eſt pas obscurcie par l'ampleur de la forme, comme chez Raphaël. L'homme antique n'a pas absorbé l'homme moderne : s'il eſt adorateur de la forme des Grecs, c'eſt comme moyen & non comme but; ce n'eſt pas pour la faire régner en souveraine, mais pour la subordonner à la pensée patriotique, spiritualiſte, philosophique & chrétienne.

On sent vibrer une âme qui souffre, qui gémit des douleurs de son pays. Comme Michel-Ange, le Vinci a servi à sa défense; il a été vaincu, &, malgré tout son amour de l'art, il n'a pu se résigner au point de n'exprimer, comme Raphaël, que des figures satisfaites, rayonnantes de bonheur, admirables de beauté, mais indifférentes à tout autre sentiment que celui de montrer la splendeur de leur nature, la luxuriance de leur forme, la grâce de leurs poses, la tranquillité de leurs attitudes, même dans les scènes les plus tragiques.

Il y a entre Raphaël & le Vinci cette différence, que l'un a été toujours heureux & n'a jamais songé qu'à jouir de la vie comme un courtisan & un Grec du temps d'Épicure, tandis que le Florentin a été malheureux, a souffert des révolutions successives que subissait Milan, sa nouvelle patrie. Sans cesse errant de ville en ville, perdant ses plus belles œuvres & ses plus fidèles protecteurs, il semblait qu'il fût obligé, par les décrets de la Providence, de se promener toujours pour semer partout les trésors de son intelligence & activer le progrès de l'esprit humain.

Ami des Français comme Savonarole, parce qu'il les croyait seuls capables de débarrasser l'Italie de tous ses petits tyranneaux, il est très-mal reçu à Rome, & c'est un prétexte utile que savent exploiter

auprès de Léon X, Raphaël & Michel-
Ange, qui craignaient sa grande réputation de peintre & de sculpteur.

En perdant un protecteur des arts comme
Léon X, le Vinci n'a pu donner au monde
tout ce que son grand génie était capable
de produire; il n'a pas eu le même bonheur
que Raphaël & Michel-Ange, &, malgré
tout, nous partageons l'opinion de ceux
qui le proclament le plus grand artifte des
temps modernes, & peut-être le plus grand
homme de l'Italie.

Par ordre de Ludovic le More, il fonda
l'académie de Milan, qui devint un éta-
blissement véritable d'inftruction publique. C'eft à cette époque qu'il écrivit son
célèbre *Traité sur la peinture*, si admiré
par le Poussin, qui l'a illuftré de gravures,
montrant ainsi combien il avait su apprécier sa science & son génie d'observation.

Malgré la grandeur des enseignements
de Vinci, ses élèves ne devinrent pas des
hommes de génie comme leur professeur,
ni même de talent; ils jouirent d'une hon-

nête médiocrité. Ce sont les résultats certains de l'uniformité académique, car elle étouffe l'originalité individuelle. Toutes les natures ne peuvent supporter le même régime, &, pour s'épanouir, elles ont besoin du soleil de la liberté. L'enseignement par la pratique, la collaboration avec le maître sont de beaucoup préférables à des cours d'inſtruction publique ; aussi, ce qu'il y aurait de plus parfait, ce serait d'avoir la théorie & la pratique enseignées de la manière la plus complète, mais sans syſtème, sans despotisme & en laissant à chacun le droit de prendre ce qui lui convient, sans crainte d'*excommunication*.

Il ne faut pas confondre cette académie de Léonard de Vinci avec son école, qui était comme les écoles libres de Florence & de Rome, comme une espèce d'association d'hommes de talent reconnaissant volontairement un chef qui recevait les commandes de travaux, en dirigeait l'exécution. Les peintres de ces écoles se groupaient autour du maître par respect & affection, s'inspiraient de son esprit, de ses pensées, & savaient pourtant conserver leur originalité, comme, par exemple, Lucius, de tous le plus illuftre. Dans ces écoles de Raphaël, de Léonard, les élèves voyaient travailler le maître, pouvaient profiter de son expérience, de son habileté; tandis que en écoutant les préceptes, les discours les plus savants, les plus utiles sur les beaux-arts, ils ne pouvaient juger de leur vérité si le profeſſeur ne se montrait jamais comme praticien devant eux.

Plus un maître eft grand & plus il y a à craindre que son influence souveraine, vivante faſſe dévier les aptitudes de quelques élèves de leur voie naturelle; aussi faut-il, pour qu'elle soit utile, qu'elle s'exerce plutôt par ses œuvres que par ses leçons.

A la diftance où nous sommes de Léonard de Vinci, il n'y a pas à redouter que son rayonnement anéantisse toute espèce d'originalité, & si l'on s'inspire de ce qui a contribué à sa gloire, on n'a pas à craindre le danger de tomber dans le ſtyle académique, comme en imitant Raphaël, ou dans l'exagération & le ridicule, comme en imitant le ſtyle sublime & surhumain de Michel-Ange.

« Personne ne fut plus admiré que Léonard de Vinci. Personne ne fut moins suivi. Ce surprenant magicien, le frère italien de Fauſt, étonna & effraya. Il ne fut encouragé ni de Florence ni de Rome. Milan imita ses peintures, faiblement, de loin. Ce fut tout. Il reſta seul comme prophète des sciences... Prenez-moi les agréables arabesques du Vatican, faibles représentations de la nature animale, & placez-les à côté du combat où Léonard de Vinci a mis aux prises ces ardents coursiers qui se mordent, ces guerriers barbares vêtus d'armures monstres, d'écailles de serpents, de scorpions, vous verrez où eſt la science. Raphaël copie toujours le cheval de Marc Aurèle, lorsque depuis tant d'années Vinci avait peint le cheval avec la savante énergie de Rubens & la splendeur de Géricault. » — MICHELET.

Ces réflexions sont de la plus grande justesse. Léonard de Vinci comme Galilée, comme tous les génies qui dépassent l'humanité par leur science précoce & universelle, ne sont guère compris de leur temps ; ils n'ont qu'une position hors ligne, celle de prophète : dans ce cas, ils sont adorés ou lapidés, & on ne les suit guère, on les imite peu. Il faut d'autres générations plus instruites, plus rapprochées de leur esprit pour les comprendre & les apprécier.

Raphaël était, comme son époque, plus rapproché par ses principes, ses idées de l'art antique : aussi fut-il mieux compris que Léonard.

Le seizième siècle, étant une époque de transformation universelle, renfermait des éléments de plusieurs natures très-opposés les uns aux autres, ceux du passé, ceux de l'avenir. Et, comme l'a très-bien compris Michelet, Léonard de Vinci, étudiant la nature, la rendait telle qu'il la voyait &

lui donnait ensuite ce grand ſtyle qui eſt le fruit de son génie individuel ; tandis que Raphaël voyait la nature avec les yeux des Grecs, marchait à leur suite, se méfiant de son appréciation, puisqu'il peint le cheval comme on le sculptait du temps de Marc Aurèle, & non pas tel qu'il aurait pu le représenter lui-même s'il s'était affranchi de cette tutelle.

Léonard de Vinci eſt donc le précurseur de tous ces peintres de l'avenir qui sauront rendre la nature dans sa vérité & sa splendeur, tout en déployant dans leurs œuvres la science du dessin & la simplicité, la noblesse de l'art antique, & les marquant de leur sceau individuel, tandis que Raphaël peut l'être de ceux qui ont la prétention, en l'imitant, de créer des œuvres du ſtyle gréco-romain, conçues par conséquent d'après une manière conventionnelle & ſyſtématique, & dépourvue d'originalité.

Pour se rendre compte de la différence de résultat produit par ces deux manières de comprendre, il suffit de comparer les œuvres d'un même peintre, par exemple : *Pie VII & l'Enlèvement des Sabines*, par David. Le portrait eſt un chef-d'œuvre où l'artiſte a su, tout en conservant la vérité de la nature, l'idéaliser au point de créer une tête d'une puissance d'expression remarquable ; on se croit en face d'une créature vivante, pleine de bonté & d'intelligence. Il n'en eſt pas de même lorsqu'on regarde le beau Romulus jetant son javelot après avoir choisi préalablement la pose qui pouvait servir à faire le mieux valoir ses formes rebondies, sa beauté plaſtique, se montrant dans une nudité de demi-dieu. On ne peut pas se figurer que le fondateur de Rome puisse ressembler à cette *académie*, à ce bel Apollon, à ce Grec parfumé, brillant d'une élégance ariſtocratique, lorsqu'on se souvient qu'il eſt l'ancêtre des brigands & des paysans de la campagne romaine.

Léonard de Vinci résume en lui beaucoup de perfeſions des maîtres qu'il a précédés ; il a eu la fierté de Michel-Ange, la grâce de Raphaël, la douceur du Cor-

rége; il a une teinte de poésie moitié alle-
mande, moitié italienne; il eſt fidèle à la
tradition grecque, à celle du moyen âge.
Sa couleur, un peu obscure, semble vouloir atténuer, voiler les secrets de l'âme des
êtres dont il caraſtérise l'individualité.

C'eſt le peintre par excellence de l'expression; la beauté, la vigueur, la force,
l'ampleur sont subordonnées dans ses
œuvres à la pensée. De naissance, de goûts
ariſtocratiques, sa nature a besoin de l'at-
mosphère des cours, de ce luxe diſtingué,
artiſtique, qu'il invente pour la satisfaſtion
des princes qui lui dorent son exiſtence. Il
souffre intérieurement de ces changements
de proteſteurs, de ces revers de fortune;
son âme n'eſt pas trempée pour la lutte; il
ne possède pas l'auſtérité de l'inflexible Michel-Ange. Il n'a pas comme lui cette haine
vigoureuse pour ce qui eſt dépravé, lâche,
immoral & asservissant pour l'esprit, &
cette résiſtance indomptable contre tout ce
que sa conscience sévère n'approuve pas.

Michel-Ange eſt de la race du Dante, de

Savonarole, de ces hommes de fer du quinzième siècle qui ne savent pas courber la
tête, & dont l'énergie physique eſt à la
hauteur du caractère.

Léonard de Vinci subit en philosophe
chrétien du dix-neuvième siècle les bouleversements dont son exiſtence eſt frappée.
Il a l'âme & l'esprit moderne avec une
teinte dominante de sensualisme raffiné &
de haute allure qui appartient à la plupart
des grands hommes du seizième siècle.
Comme peintre, il croit à quelque chose
en dehors de la forme; il eſt l'homme de
l'avenir : tandis que Raphaël eſt l'homme
du passé, le Phidias des païens du seizième
siècle. Aujourd'hui, notre société a de
grandes préoccupations; la pensée joue un
trop grand rôle pour que les peintres ne
possèdent que le culte de la forme, qu'ils
n'aspirent qu'à créer des êtres parfaits de
poses & de contours, modérés dans leurs
mouvements, calmes, heureux, souriants,
ne songeant qu'au bonheur de vivre & de
jouir en paix de tous les biens de la terre,

n'ayant pas assez d'imagination pour rêver rien au delà.

Un tel matérialisme a conduit les arts à la décadence. Pour reprendre la voie du progrès, il faut étudier ce qui a fait la grandeur du Vinci & qui fera aussi la nôtre, parce que nous devons, comme lui, étudier la nature, l'antique, le moyen âge, représenter l'individualité de l'âme & de la pensée, ses émotions, ses regrets & ses jouissances que le chriſtianisme a marqués d'une empreinte bien plus idéale, bien plus variée & inépuisable que ne l'avait fait le paganisme.

Que l'on compare un moment l'expression de Jésus dans *la Cène* de Léonard avec celle de *l'Apollon du Belvédère !*

I V

Mais à côté de ces grands peintres créateurs de l'école florentine, qui occupent dans l'hiſtoire de l'art une place illuſtre par leur spiritualisme, la noblesse de leurs pensées & le but de leurs œuvres, il y avait une foule de peintres qui se mettaient à la solde des grands seigneurs libertins, flattant leurs vices, exploitant les sujets licencieux de la mythologie grecque, renouvelant les obscénités de la Rome des Césars, mêlant le sacré au profane, enfin ressuscitant le paganisme dans ce qu'il avait d'immoral & de délétère pour les âmes & pour l'esprit.

Les peintres ne peignent plus à genoux

plongés dans la prière ; ils ne sont plus myftiques, s'inspirant des miniatures des missels, pleines d'un spiritualisme chrétien. Les tableaux religieux sont inspirés par des bas-reliefs antiques ou par la nature la plus vulgaire.

« La profanation commise par le moine Lippi se renouvelait tous les jours, c'eft-à-dire qu'à la place de la Madone, de la Madeleine & même de saint Jean, on mettait dans un tableau d'autel des portraits de jeunes filles, le plus souvent trop connues. » — Rio.

Le chef même du chriftianisme avait donné l'exemple de cette dépravation, de cet oubli de toute pudeur. Nous préférons citer encore le même ouvrage de Rio, qui eft un écrivain très-catholique & peu suspeét de partialité contre les papes : « A l'avénement du trop fameux Alexandre VI, le Pinturicchio fut chargé par lui de peindre la tour Borgia & un grand nombre de chambres tant dans le château Saint-Ange que dans le palais pontifical. C'était un patronage encore plus fatal à l'art chrétien que celui des Médicis à Florence. Les sujets des peintures du château Saint-Ange étaient tirés de la vie du pape, & l'on y remarquait les portraits de ses parents & de ses amis, entre autres de ses frères, de ses sœurs, & de l'infant César Borgia, *son neveu*. Pour tous ceux qui étaient au courant de l'hiftoire scandaleuse de cette famille, cette représentation était comme une commémoration abrégée de tous les genres de crimes, & l'on n'était pas même libre de refuser d'y croire; car, outre l'éclatante publicité qu'on affeétait de donner au scandale, on semblait vouloir que les arts mêmes en fussent les complices, & par un excès de profanation dont le monde catholique n'avait pas vu d'exemple, Alexandre VI s'était fait représenter dans une des chambres du Vatican sous le coflume d'un des rois mages, à genoux devant la sainte Vierge qui n'était que le portrait de la belle Farnèse dont les aventures sont malheureusement trop connues. C'était bien le cas de dire que les murs pouvaient suppléer au silence des courtisans; car là était tracée, pour les contemporains comme pour la poſtérité, une accusation sans réplique contre la dépravation du siècle. »

A la fin du quinzième siècle, a dit un hiſtorien moderne, il n'y a plus d'idéal social, plus de juſte & d'injuſte, ni de règle de la vie. De là cet effrayant divorce entre l'idéal & le réel. L'esprit de l'Italie eſt remonté dans le ciel de l'art; son corps eſt en enfer.

« Les iniquités & les péchés s'étaient multipliés en Italie, dit Benivieni, parce que ce pays avait perdu la foi du Chriſt. On croyait généralement que tout dans le monde, & les choses humaines surtout, n'avait d'autre cause que le hasard. Certains pensaient qu'elles étaient gouvernées par les mouvements & les influences céleſtes. On niait la vie future, on se moquait de la religion. Les sages du monde la trouvaient trop simple, bonne tout au plus pour les femmes & les ignorants. Quelques-uns n'y voyaient qu'un mensonge d'invention humaine... Toute l'Italie enfin, & surtout la ville de Florence, était livrée à l'incrédulité... Les femmes elles-mêmes niaient la foi du Chrift, & tous, hommes & femmes, retournaient aux usages païens, se plaisaient dans l'étude des poëtes, des aftrologues & de toutes les superftitions. »

Du fond du cloître de Saint-Marc à Florence, sanctifié, immortalisé par les dominicains de Fiesole, dont Fra Angelico avait dépeint la foi chrétienne sur des toiles immortelles, une voix indignée tonne contre la dépravation générale & veut réformer le clergé pour qu'il puisse à son tour réformer les fidèles. « Savonarole voyait les prélats ne plus s'occuper de leur troupeau, mais le corrompre par leurs mauvais exemples ; les prêtres dissiper les biens de l'Église ; les prédicateurs prêcher de curieuses vanités ; les religieux se laisser aller à tous les débordements ; les fidèles ne plus obéir aux prélats ; les pères & les mères mal élever leurs enfants ; les princes opprimer les peuples, entretenir les dissensions; les citoyens & les marchands ne penser plus qu'au gain, les femmes qu'aux futilités, les paysans qu'au vol, les soldats qu'aux blasphèmes & à tous les crimes. »

Savonarole ne se contente pas de remarquer les désordres de la société dans laquelle il vit, il veut sa régénération religieuse, morale, politique, spirituelle, artiftique. Si ce précurseur catholique de Luther eût réussi, si la papauté d'Alexandre VI eût eu assez de foi pour le comprendre & se purifier de ses souillures, la réforme du seizième siècle aurait été inutile.

Savonarole ne se douta pas qu'il était hérésiarque comme Jean Huss, il croyait refter fidèle au catholicisme, quoique en voulant le régénérer comme l'avaient tenté sans succès saint Bernardin de Sienne, saint Vincent Ferrier, Gerson, Arnaud de Brescïa & saint Bernard. Ainsi, comme l'a fort bien dit M. Perrens dans son ouvrage remarquable sur Savonarole, « Jérôme ne faisait que suivre la tradition des âmes pures & droites que révoltait la dépravation générale & qui aspiraient à un avenir meilleur. La corruption de l'Église était déjà fort ancienne : Dante l'avait peinte sous les plus vives couleurs. »

Il ne faudrait pas croire que Savonarole fût un moine fanatique & ignorant, prêchant une croisade sainte contre les sciences, les lettres & les beaux-arts, comme ennemis du chriftianisme.

Il connaissait l'antiquité aussi bien que les plus savants, il acceptait avec enthousiasme les glorieux débris de la civilisation gréco-romaine, il les trouvait utiles pour accélérer les progrès de la civilisation moderne, à laquelle il voulait conserver l'esprit chrétien, à l'exclusion de l'esprit païen. Il croyait que les beaux-arts étaient tombés en décadence par la faute de la religion, & il était convaincu qu'en régénérant l'une il arriverait à la régénération de l'autre.

On peut juger sa doctrine d'après ses propres paroles, tirées d'un sermon qu'il prononça sur l'entretien de Jésus avec la Samaritaine.

« Vos notions, disait-il aux peintres, sont empreintes du plus grossier matérialisme... La beauté dans les choses composées résulte de la proportion entre les parties, ou de l'harmonie entre les couleurs; mais dans ce qui eſt simple, la beauté, c'eſt la transfiguration, c'eſt la lumière; donc c'eſt par delà les objets visibles qu'il faut chercher la beauté suprême dans son essence. Plus les créatures participent & approchent de la beauté de Dieu, plus elles sont belles, de même que la beauté du corps eſt en raison de la beauté de l'âme; car si vous preniez deux femmes dans cet auditoire également belles de corps, ce serait la plus sainte qui exciterait parmi les spectateurs le plus d'admiration, & la palme ne manquerait pas de lui être décernée même par les hommes charnels. »

Les poëtes, les philosophes, les artiſtes, tous voulurent s'associer à cette grande réforme sociale. Le plus grand de tous, l'illuftre Pic de la Mirandole, Marcile Ficin, adorateurs de Platon, Politien lui-même, furent étonnés, éblouis, par cette lumière soudaine qui les troublait dans leur amour exclusif de l'antiquité. Baccio della Porta, Luca & Andrea della Robia, s'inspirèrent aussi dans leurs compositions des idées de Savoranole. L'exaltation poétique & religieuse, l'enthousiasme de l'art, s'emparèrent de tous les Florentins; ce n'était pas seulement l'élite de la nation, mais le peuple & les paysans qui accouraient en foule aux prédications du prophète.

Alexandre VI veut acheter son silence en lui donnant le chapeau de cardinal, & il s'attire une réponse si belle qu'il le proclame le vrai serviteur de Dieu. Mais son abrutissement reprend bientôt le dessus, & il se plonge de nouveau dans ces voluptés criminelles qui rappellent la Rome des Césars, & il jure en lui-même de se débarrasser d'un pareil juge.

Les prédications de Savonarole durèrent

sept ans, & les sacrifices de tout genre de la part de ceux qui les suivaient prouvent l'ardeur de leurs convictions & le retour à des idées plus élevées, plus chrétiennes.

Les réjouissances païennes, le carnaval même, disparaissent pour faire place à des fêtes religieuses ; enfin l'on ne songeait qu'à faire revenir les premiers temps du chriftianisme, à faire régner Dieu & le Chrift sur la terre. Qu'était Florence avant Savonarole?

L'amour de l'antiquité dans les belles-lettres & les beaux-arts avait peu à peu subftitué les dieux païens au dieu chrétien. On ne se contentait pas, à l'imitation des anciens, avec la plume & le pinceau, de peindre des Jupiter, des Vénus, des Danaé, des Cupidon, on avait fini par y croire. L'anniversaire de la naissance de Platon se célébrait sur la montagne de Fiesole avec autant d'éclat que la fête de la naissance du Chrift. Pic de la Mirandole n'exclut pas le chriftianisme au profit de l'antiquité, il embrasse dans une harmonie

générale tout le genre humain, Platon &
Ariſtote, les juifs, les Grecs, les chrétiens
& les Arabes, les savants & les sages de
tous les temps. C'était l'esprit dont Raphaël savait s'inspirer un siècle plus tard,
l'esprit éclectique.

L'humanité ne s'était-elle pas four-
voyée? devait-elle reculer vers le naturalisme infini & divorcer avec le chriſtianisme? La routine ascétique du moyen âge
devait mourir, car c'était le produit de la
servitude, la décadence de l'art, mais la
pureté de la pensée, l'esprit chrétien pouvaient se conserver & donner naissance à
de grandes œuvres. Que manquait-il pour
accomplir ce résultat ? La liberté des
croyances chrétiennes. On n'avait encore
que la liberté d'être incrédule, d'être païen;
pour être chrétien individualiſte, cela
était impossible, il y avait une religion immuable, infaillible comme dogme, comme
forme, dans laquelle on pouvait se conduire comme Alexandre VI sans risquer
le bûcher, mais non comme Savonarole.

Aussi les grands hommes du quinzième siècle qui avaient une science universelle comme Pic de la Mirandole étaient-ils païens, parce que, découvrant tous les jours les secrets de la nature, la science que le catholicisme proscrivait, ils avaient désespéré de trouver dans son sein la liberté de pensée & de croire, qui à leurs yeux était une vérité primordiale, une loi divine. Ils retrouvaient ces mâles accents dans les manuscrits des anciens, & ils n'avaient pas l'idée d'aller les chercher dans l'Évangile, parce que le régime clérico-féodal les avait habitués à croire par force, sans rien examiner, sans faire aucun effort sur eux-mêmes pour se les approprier en les étudiant.

Aussi la Mirandole fut-il ébahi, stupéfait, d'entendre un moine prêcher dans un sens spiritualiste, libéral, s'affranchissant de tous les jougs terrestres imposés au nom de Dieu, niant l'infaillibilité d'un pape comme le Borgia.

Savonarole était un hérétique tant qu'on

voudra, un disciple de Jean Huss, un précurseur de Luther, il sentait le fagot, mais
il avait raison ; il était nécessaire qu'un
juſte, qu'un saint, proclamât devant tout
l'univers que la fonction religieuse la plus
élevée ne tenait pas lieu de toutes les vertus, & qu'avant tout il fallait être chrétien,
c'eſt-à-dire un homme juſte, vertueux, ir-
réprochable & croyant.

S'il ne s'était pas trouvé un seul homme
pour proclamer cette vérité, la juſtice divine aurait dû se manifeſter par les flammes
qui brûlèrent Sodome & Gomorrhe. La
vérité fait des victimes sur cette terre, tous
ceux qui la proclament la payent souvent
de leur vie. Savonarole fut jugé coupable
par Alexandre VI ! & mourut martyr !...

Le peuple n'eut pas le courage de le
sauver, il était repris par le despotisme
clérical, il n'était pas assez inſtruit, il avait
cependant beaucoup souffert, mais il était
encore aveugle.

La réforme de Savonarole eut une
grande influence sur les arts. Les artiſtes

furent ses disciples les plus dévoués, les plus enthousiaftes ; il trouva parmi eux des amis, des apôtres & même des martyrs. Les uns voulaient mourir avec lui, d'autres après son supplice voulaient ensevelir leur génie dans un deuil éternel.

Butticelli, graveur, peintre, écrivain, renonça pour toujours à la peinture ; Lorenzo di Credi se retira dans un couvent de Santa-Maria-Nuova ; Fra Benedetto, l'épée à la main, avait marché pour mourir avec lui ; Baccio della Porta était au nombre des cinq cents citoyens prêts à le défendre. Découragé de l'exiftence, désespéré de voir finir un mouvement si extraordinaire, il renonça à toutes les gloires mondaines & il se réfugia dans un couvent, où il devint célèbre sous son nouveau nom de Fra Bartolomeo.

Savonarole, dans son zèle pour détruire tout souvenir du paganisme, fit brûler, dans une procession qui représentait le triomphe du génie chrétien, plusieurs ftatues antiques, des recueils de chansons licencieuses, des gravures indécentes, les œuvres de Boccace & de Pulci, des poésies érotiques de l'antiquité, enfin beaucoup de peintures & de sculptures d'une très-grande valeur : Baccio della Porta, Lorenzo di Credi, & beaucoup d'autres, y jetèrent aussi leurs œuvres profanes.

Cette Saint-Barthélemi des œuvres de l'intelligence eſt une grande tache dans la vie de Savonarole, car, non content de brûler les œuvres de la renaissance païenne, on en brûla aussi quelques-unes de la renaissance chrétienne du moyen âge avec Pétrarque. Le mauvais levain monacal l'avait emporté dans le feu de la lutte. Pour lui pardonner cette grave erreur, il « faut se souvenir qu'il fut le premier à inſtituer à Saint-Marc une école de langues orientales où l'on apprit le grec, l'hébreu, le turc, le moresque & le chaldéen, pour que les religieux pussent étudier avec plus de fruit les livres saints dans le texte original & semer la vérité dans les plus lointaines régions. » — PERRENS.

Ce fut peut-être cet auto-da-fé de livres du moine réformateur qui plaida aux yeux de la papauté sa réhabilitation ; on revisa les procès intentés par Alexandre VI, & on reconnut la sainteté du prophète.

« Après tout, la réforme survécut au réformateur. Une conftitution religieuse, politique & morale, qui renaît de ses cendres trente ans après la mort de son fondateur, qui inspire le plus héroïque patriotisme aux fils de ceux qui l'avaient vue naître, & qui ne succombe que devant des forces supérieures, décuplées par la trahison, n'eft pas de celles qu'aucun souffle de vie ne soutient. » — Perrens.

Le souvenir vivant des principes de Savonarole se lit sur les toiles de Bartolomeo. On sent que l'esprit chrétien a été réveillé par le prophète & qu'il a été victorieux dans cette âme d'élite. Michel-Ange, Raphaël, sont venus tour à tour dans les cloîtres de Saint-Marc s'inspirer de ces grandes pensées. Pour Michel-Ange, Savonarole refta toujours l'idéal du chrétien.

Son influence se reconnaît dans toutes ses œuvres, & il n'y eſt jamais infidèle. Il n'en eſt pas de même pour Raphaël, qui en profite pendant quelque temps, mais finit un jour par l'oublier. Le frate disciple enthousiaſte de Léonard de Vinci devient l'ami de Raphaël ; il apprend avec lui la science de la composition & de la perspective, & il lui enseigne à son tour le coloris, &, ce qui s'apprend plus difficilement, la persévérance dans la foi chrétienne qui seule ennoblit les pensées, produit le grand ſtyle qui élève & grandit l'âme du speĉtateur, en face d'un chef-d'œuvre, presque au niveau de celui qui l'a créé ; moralise & sanĉtifie ses pensées, en les transportant au-dessus des faiblesses humaines, vers les régions supérieures du grand, du beau & du parfait.

Bartolomeo, par son *Saint Marc* qui eſt au palais Pitti, s'eſt montré l'égal de Raphaël au point que Pierre de Cortone se trompa sur le nom de l'auteur, & crut que c'était du Sanzio. Il eſt aussi l'égal de Michel-Ange & rappelle le *Moïse* par sa puissance & son ampleur. Bartolomeo & Michel-Ange sont arrivés à produire deux chefs-d'œuvre de même ordre & de même valeur : le premier en pratiquant les idées de Savonarole, c'eſt-à-dire le spiritualisme de l'Évangile ; le second en réunissant dans le *Moïse* sa science de l'antique & sa foi dans une divinité supérieure, rappelant le Jéhovah des Hébreux plutôt que le Dieu des chrétiens.

Aussi cette ressemblance de pensées n'exiſte plus lorsqu'on considère leurs autres tableaux, où Michel-Ange reſte toujours biblique & Bartolomeo chrétien.

V

C'eſt Rome désormais qui remplace Florence, absorbant à son profit tous les peintres, les architectes, les sculpteurs, enfin tout ce que l'Italie produit de grand, & qu'elle veut s'approprier en le payant avec l'or de tout l'univers. Les rois catholiques de Rome rêvaient toujours des projets grandioses ; plus leur pouvoir spirituel était immense & plus ils songeaient à agrandir leur pouvoir temporel, à se former une cour, à se bâtir des palais, des églises; à surpasser par leur faſte tous les souverains qu'ils regardaient comme leurs sujets, leurs vassaux.

« Vasari, transporté d'enthousiasme pour

les projets de Nicolas V, s'écrie : « Quelle gloire c'eût été pour l'Église romaine que de voir le souverain pontife habiter un saint monaftère, y mener, comme dans un paradis terreftre, une vie sainte & célefte; y servir d'exemple à toute la chrétienté, & exciter ainsi les fidèles à adorer le culte du vrai Dieu! »

Sans nul doute, cela eût été un bon exemple, & qui eût produit des résultats incalculables; mais Alexandre VI, Jules II, Léon X ne comprirent pas ainsi le rôle de la papauté. Nous avons déjà parlé de Borgia. Quant à Jules II, il fut un roi guerrier, voulant agrandir son royaume avec son épée; absolu dans ses idées, frappant un évêque du bâton, & n'osant pas toucher à Michel-Ange qu'il ne pouvait pas conduire suivant ses caprices; despote variable, inconftant, &, malgré tous ses défauts, un grand homme qui avait rêvé l'affranchissement de l'Italie du joug de l'étranger, mais pour se mettre à sa place.

Jules II aima les arts avec passion, & il

n'eut qu'à se servir, pour réaliser ses vaftes projets, des hommes déjà grands par leurs œuvres comme Michel-Ange, Raphaël & Bramante. L'école florentine, dans son essor, était sortie tout entière du mouvement municipal. Les Médicis, par goût, & surtout par politique, favorisèrent, protégèrent, d'une manière splendide, les beaux-arts. La bourgeoisie riche, les princes, faisaient peindre, orner leurs résidences, les églises, par oftentation, par piété, par rivalité. Les artifles étaient heureux de pouvoir développer leur talent, leur génie, & rivalisaient aussi entre eux, ce qui augmentait leur gloire & celle de leurs protecteurs.

La religion catholique, d'iconoclafte qu'elle avait été pour vaincre le paganisme, tomba dans l'excès contraire ; elle se mit à adorer les flatues antiques dont quelques-unes se mêlèrent aux saints du chriflianisme. Rien ne la choque ; elle croit les sanctifier en se les appropriant. Jules II fit exécuter les plus beaux embellissements de Rome; il créa le musée du Vatican, dans lequel il eut le bonheur de voir placer le *Laocoon* qu'on avait trouvé sous son règne & qu'il paya royalement. Ce fut lui, par les conseils de Bramante, qui appela Raphaël à Rome. C'eft sous son règne que le Sanzio créa plusieurs de ses œuvres les plus remarquables, entre autres *la Dispute du Saint-Sacrement*, *l'École d'Athènes*. Michel-Ange peignit la voûte de la chapelle Sixtine, & commença de grands travaux de sculpture.

Il y aurait de quoi illuftrer deux règnes. Léon X n'eut qu'à hériter de son prédécesseur & à continuer le développement artiftique auquel, pendant qu'il était cardinal, il avait beaucoup contribué. Pourquoi Léon X a-t-il eu toute la gloire? Pourquoi le siècle porte-t-il son nom plutôt que celui de Jules II? Peut-être à cause de son nom de Médicis, qui avait un grand preftige même aux yeux d'Erasme, & la poftérité a confirmé le jugement du philosophe qui avait dit le premier : C'eft le siècle de Léon X.

Ensuite Léon X était exclusivement amateur des belles-lettres, des beaux-arts, tandis que Jules II aimait aussi la guerre ; & on le représente plutôt comme un conquérant, l'épée à la main, que causant, comme Léon X avec le Bembo & le Bibbiena, d'un sujet mythologique à faire exécuter par Raphaël.

Si Léon X a eu toute la gloire d'avoir donné une impulsion royale au développement extraordinaire des beaux-arts au seizième siècle, il a eu aussi toute la responsabilité du résultat de la cataſtrophe aux yeux du monde chrétien. Léon X était un roi grand seigneur comme François Iᵉʳ, très-aimable, de mœurs douces, le digne fils de Laurent le Magnifique, faſtueux, mais avec goût, érudit, élégant, quoique avec une figure un peu forte, enfin le prince le plus capable de faire revivre la Grèce & d'en être le Périclès, mais non pas d'être pape, c'eſt-à-dire d'avoir encore à gouverner l'Église chrétienne comme représentant de Jésus-Chriſt. Il n'était pas de cette taille ;

il ne songeait qu'aux lettres, aux arts, aux plaisirs, à bien terminer les grands ouvrages que les règnes précédents lui avaient légués & à en imaginer de nouveaux. Cependant, pour subvenir à toutes ces magnificences, il fallait des sommes énormes, & Saint-Pierre était un gouffre dans lequel la papauté allait s'engloutir. Elle vendait tout ce qu'on voulait acheter. La décadence morale & politique préparait la réforme pendant que les arts, arrivant à leur apogée, allaient aussi prendre la même route.

L'esprit de la renaissance avait déjà remplacé l'esprit du moyen âge dans la peinture; elle allait encore le remplacer dans l'architecture. Bramante propose à Jules II « de démolir le vieux Saint-Pierre des premiers temps de l'Église, pour élever à la place la rotonde du Panthéon sur les voûtes du temple de la Paix. » Cette ambition de créer un monument qui devait écraser tous ceux de l'antiquité & du moyen âge a-t-elle été réalisée?

Ces grands artistes, Michel-Ange, Bra-

mante, qui, pour conſtruire l'église du vi-
caire de Jésus-Chriſt sur la terre, prennent,
comme a dit M. Taine, « le premier, les
grandes voûtes du palais de Conſtantin,
Michel-Ange, le dôme du Panthéon, & de
ces deux idées païennes, agrandies l'une
par l'autre, ils ont édifié un temple chrétien. Ces voûtes, cette coupole, ces puissantes courbures, tout cet appareil eſt magnifique & grand. Et pourtant il n'y a, en
somme, que deux architectures, la grecque
& la gothique : les autres sont des transformations, des déformations ou des am-
plifications.

« ... Ce qu'il y a de sublime dans la
religion, l'effusion tendre devant un Sauveur compatissant, l'effroi de la conscience
devant le juſte juge, l'enthousiasme lyrique
& viril de l'Hébreu devant la face du Dieu
foudroyant, l'épanouissement du libre génie grec devant la beauté naturelle &
heureuse, tous ces sentiments leur man-
quaient... »

« C'eſt une salle de spectacle, la plus

vafte, la plus magnifique du monde, par laquelle une grande inftitution étale aux yeux sa puissance. Ce n'eft pas l'église d'une religion, mais l'église d'un culte. »

J'ai cité l'opinion de M. Taine, pour montrer que, sur les queftions d'art, il se rencontre quelquefois avec les esprits les plus chrétiens & les mieux doués du sentiment artistique ; il comprend l'essence du chriftianisme & ses rapports avec l'architecture ; il a senti ce qu'était le gothique du moyen âge, appelé si malheureusement *art boiteux* par Michelet.

Voilà donc ce que la renaissance a produit de plus grand en architecture. Les artiftes ont rejeté le gothique & sont revenus à l'antique ; pourtant, si l'on prend ce mot dans sa plus belle acception, qui eft *noblesse & simplicité*, les cathédrales de Paris, de Cologne sont à l'intérieur plus nobles, plus simples, plus grandes que Saint-Pierre de Rome ; les longues files de piliers simples & nus, élancés vers la voûte, sont pleins de piété religieuse &

chrétienne, n'arrachent pas l'âme à la rêverie comme ces mille détails de marbre de
couleur qui ornent les piliers de Saint-
Pierre ; ils rappellent aussi la pureté de
l'art grec, qui bannissait les ornements de
l'intérieur des édifices pour éveiller les idées
de grandeur & de majeſté divines.

Et cependant, en réalité, l'intérieur de
Saint-Pierre eſt immense ; mais ce qui eſt
l'image de la grandeur doit vous saisir du
premier coup d'œil, sans avoir besoin de
l'étudier. Cette qualité eſt une de celles
qu'on doit sentir sans raisonnement ni explication, comme on l'éprouve en présence
des grandeurs de la nature.

Ainsi, de ce côté, l'architecte a été au-
dessous de sa tâche, & ce n'eſt qu'après
avoir parcouru l'église pendant plusieurs
heures qu'on se dit, à la réflexion, la tête
remplie & fatiguée : C'eſt grand & prodi-
gieux.

Le soleil ruisselle dans tout l'édifice,
l'inonde & produit des effets éblouissants ;
il eſt impossible d'imaginer rien de plus

somptueux & de plus splendide ; le recueillement eft bien difficile dans une église
qui eft un riche musée, ouvert à toute la
lumière du jour.

Ce n'eft plus la foi sévère, la triftesse du
moyen âge. Serait-ce la joie chrétienne ?
Non, c'eft la joie païenne d'Épicure qui
l'emporte, & Platon même eft oublié.
L'Ariofte a remplacé le Dante, & l'on re-
marquera bien vite l'influence qu'il acquiert
chez la plus grande partie des peintres, qui
sont facilement entraînés par sa poésie
sensuelle, élégante & sceptique. Avec le
temps, ce sera une des causes les plus
réelles de la décadence dans les beaux-arts.

Le niveau de l'inspiration ne peut être
abaissé impunément, & il entraîne avec
lui une infériorité réelle dans les œuvres
qui en résultent.

Tout s'enchaîne dans ce monde ; les
principes, les croyances influent sur les
mœurs, sur le caractère, sur toutes les
manifeftations de l'esprit.

« Les concerts, la poésie, le théâtre, &

des plaisirs plus profanes encore se partageaient les mœurs de Léon X & de sa voluptueuse cour. Qu'eussent dit les grands papes des siècles passés, les Grégoire VII & les Innocent III, s'ils eussent pu tout à coup reparaître au milieu de cet Élysée païen? s'ils eussent vu représenter devant le sacré collége, par l'élite de la jeunesse romaine, cette fameuse *Mandragore*, où le monachisme eſt livré à la risée dans tout le cours d'une comédie qui rivalise avec les plus licencieuses du théâtre latin? » — HENRI MARTIN.

Aussi le cardinal Bembo protége oſtensiblement un Pomponace de Padoue, qui veut prouver qu'Ariſtote n'a pas cru à l'immortalité de l'âme & que la raison ne peut la prouver. Enthousiasmés pour l'antiquité, tous les esprits cherchaient à imiter la langue, les mœurs, le ſtyle de cette époque. On essayait de déclamer dans le ſtyle de Cicéron & de Sénèque, & peu à peu on finissait par avoir dans la vie ordinaire les opinions, les habitudes des anciens.

« Sadolet, évêque de Carpentras, cardinal, secrétaire du pape Léon X, homme
d'un esprit délicat, d'une rare douceur,
païen par son amour intelligent & tendre
pour l'antiquité, chrétien convaincu & to-
lérant, était un de ces cicéroniens qui di-
saient, comme le cardinal Bembo & Léon X,
les dieux immortels, au lieu de Dieu tout
court, & qui terminaient leurs lettres
comme l'abbé de Saint-Bertin & Jean de
Médicis : « Puissent les dieux immortels
« rendre ta Florence grande & floris-
« sante ! » — NISARD.

Il y avait des orateurs sacrés, prêtres ou
miniſtres de l'Évangile, engagés dans la
secte des cicéroniens, & beaucoup plus fidèles qu'à celles de leur ordre. Érasme
étant à Rome, un de ces orateurs avait
été chargé de prêcher sur la mort de Jésus-
Chriſt le jour de Pàques, devant Jules II ;
il alla entendre ce discours, qui l'étonna
beaucoup. Le cicéronien compara Jules II
à Jupiter tonnant, lançant la foudre, fron-
çant le sourcil. Pour glorifier le sacrifice

de Jésus, il rappela les Décius, les Curtius, Cécrops, Régulus, etc. Aux hommes illustres, on avait rendu des honneurs divins, des statues d'or; à l'autre, la croix. Le nom de Jésus ne fut pas prononcé ; il en fit un Socrate, un Phocion, un Épaminondas, un Scipion, un Ariftide, etc., etc.

Voilà quel était l'état de la société religieuse au seizième siècle. On comprend facilement que, sous cette influence irrésistible & séduisante, les artiftes en aient pris les pensées & que leurs œuvres en aient été complétement imprégnées. Avec des chefs reconnus du catholicisme qui prêchaient un tel exemple, le paganisme devait arriver dans les arts à son apogée.

Raphaël oublia bien vite les préceptes de Savonarole, de Bartolomeo, & son guide fut « le cardinal Bembo, prince de l'Église, secrétaire du pape, qui s'affichait comme amant de Lucrezia Borgia, & célébrait dans ses vers les beautés d'une autre femme, la Morosina, dont il avait eu plusieurs enfants ».

En contemplant tous les ouvrages de Raphaël, il eſt facile de reconnaître les diverses influences sous lesquelles chacun d'eux a été produit. Ainsi, dans le *Sposaliɀio, la Belle Jardinière*, on reconnaît le jeune & candide élève du Pérugin. Raphaël eſt bien alors dans la voie du progrès, se servant des études des grands maîtres qui l'ont précédé, mais sans les copier servilement, & leur imprimant son originalité, sa jeunesse raphaëlesque; on ne découvre aucune trace de l'antique, aucun mouvement de convention; tout eſt naturel, simple, naïvement beau. Pourquoi n'a-t-il pas toujours conservé cette manière? pourquoi son génie en grandissant a-t-il perdu si vite son adolescence?

La composition du *Sposaliɀio* était du Pérugin, & Raphaël se l'était appropriée. Il en fit de même pour le Masaccio. Les fresques de ce grand précurseur révélèrent à Raphaël ce qu'il serait un jour, & il s'assimile si bien ses idées qu'il lui semble les avoir trouvées lui-même.

La Belle Jardinière eſt un tableau d'une douceur, d'une tendresse exquise; les enfants n'ont pas cette exagération de muscles que Raphaël dut emprunter probablement plus tard à Michel-Ange. La Vierge eſt calme & pensive; mais le bonheur règne autour d'elle. Il n'a jamais montré dans ses œuvres un spiritualisme chrétien supérieur à celui de ce tableau; c'eſt le dernier souffle de l'inspiration due à l'école d'Ombrie, qui s'eſt exhalé pour toujours.

Maintenant il va se montrer plus fier, plus savant dans les fresques qu'il peint à Rome pour Jules II. Il revient de Florence, où il a été l'ami, le disciple de Savonarole; aussi ne craint-il pas de mettre dans *la Dispute du Saint-Sacrement* le grand réformateur au nombre des membres de l'Église qui l'a fait brûler. Il glorifie le dogme le plus important de l'Église romaine; c'eſt une œuvre catholique & par conséquent inspirée d'un culte particulier & non du chriſtianisme en général. Il cesse d'être un peintre individualiste pour devenir un peintre officiel, le défenseur en peinture des croyances, des dogmes de la papauté, en face des protestations qui s'élèvent de plus en plus contre l'asservissement de la conscience. Dans cette œuvre, divisée en deux parties, le ciel & la terre, les personnages de la terre sont supérieurs à ceux du ciel, comme composition & expression; ils sont aussi disposés d'une manière habile & harmonieuse; les têtes ont beaucoup de grandeur & de caractère; on sent que Raphaël est encore sous l'influence des traditions chrétiennes de l'école de Pérouse. Mais il s'en éloigne lorsqu'il ose mettre le Dante & le Bramante au nombre des spectateurs; c'est alors du naturalisme, & l'on se demande ce que peuvent faire le grand poëte & l'architecte dans une dispute théologique.

De ce tableau à celui de *l'École d'Athènes*, il y a un pas immense vers la perfection, comme lignes pures & agencements de groupes; c'est son œuvre la plus savante & la mieux conçue pour l'ensemble. Les personnages du premier plan sont bien occupés de la même pensée qui anime ceux du dernier. Tous sont en scène & nul ne pourrait disparaître sans nuire au tableau. C'eſt bien là une œuvre grecque classique qu'on ne pourra jamais égaler. Raphaël a réalisé dans cette peinture l'esprit des grands hommes de la renaissance, tels que le Dante & la Mirandole, qui réunissaient dans une harmonie universelle les hommes illuſtres de tous les temps, reliant ainsi le passé au présent, glorifiant le culte de toutes les traditions. Il eſt difficile de s'expliquer comment le même esprit a pu concevoir & créer deux œuvres aussi opposées, *l'École d'Athènes* & *la Dispute du Saint-Sacrement*, l'une tout à fait antique, l'autre du moyen âge. Il fallait que Raphaël eût une flexibilité dans le caractère, une mobilité dans les idées bien extraordinaires, pour qu'il pût créer des chefs-d'œuvre si opposés par leurs principes & leurs résultats.

Il descend bientôt de ces hauteurs, de cet idéal philosophique & religieux, & il devient plus que jamais un peintre monarchique, subissant l'influence de Léon X & de sa cour, se convertissant avec beaucoup de facilité aux mœurs des courtisans; il professe une adoration perpétuelle pour sa Fornarina, qu'il ne craint pas de métamorphoser en vierges de divers noms & dont il ne peut plus se séparer, même pendant ses travaux. Il divorce avec ses premières aspirations spiritualiftes pour chercher à atteindre l'idéal de la beauté, de la forme, ce qui eft tout à fait dans les traditions du paganisme.

Avec Raphaël, la peinture atteint le plus haut degré de vie & de splendeur; mais à côté du Capitole eft la Roche tarpéienne, et il a frayé cette route à ses imitateurs. C'eft lui-même qui a creusé l'abîme de la décadence, qui n'a fait que grandir & se développer. Avec le génie le plus rare qui ait exiflé par la grâce, la vérité du coloris, la pureté, la science du

dessin, l'ampleur & la simplicité antique,
il a créé les plus belles œuvres que le
monde ait vues. Mais pour que son influence fût bienfaisante & en parfaite harmonie avec notre société moderne, il aurait fallu qu'il eût une foi, une âme, une
pensée : il n'avait qu'un culte, celui de la
beauté ; il était païen, & non chrétien. Il
rompait avec la véritable tradition, dont
les œuvres se contemplent à Florence, à
Milan, à Pise, pour reprendre & continuer
celle des Grecs & des Romains. Raphaël
n'avait ni la foi dans les idées chrétiennes,
comme Angelico, Bartolomeo & tant
d'autres, ni la foi dans les idées philoso-
phiques & chrétiennes, comme Léonard
de Vinci, ni la foi biblique de Michel-
Ange ; il ne sentait pas même les souf-
frances, les déchirements de la patrie, qui
se lisent sur les toiles de Léonard, ni les
fureurs vengeresses du terrible Buonarotti. Sa vie était facile, heureuse, sans
soucis ni remords ; il ne pensait qu'à en
jouir : aussi retrouve-t-on cette expression

angélique, suave, du bonheur parfait dans toutes ses compositions.

Les têtes de ses personnages expriment le calme, la sérénité, quelques-unes la chafteté, l'idéal de la forme humaine dans sa beauté physique, mais non dans sa beauté morale. Celle-là eft morte avec l'indépendance de l'Italie, & avec la foi des hommes du Campo-Santo. L'art cesse d'être un sacerdoce, une vocation, comme il l'avait toujours été à Florence; il devient un métier : les peintres se mettent aux gages des pontifes, des rois & des grands, qui remplacent le peuple. Ils n'imposent plus leurs idées, leurs compositions, ils ne sont plus comme les poëtes à la tête des populations, les dirigeant par leur génie & leurs inspirations; ils produisent ce qu'on leur demande, & non pas ce qu'ils sentent le besoin d'exprimer. Tous les artiftes servent qui les paye, a dit Cellini, excepté l'incorruptible, l'intègre, le fier Michel-Ange, qui ne courbe pas la tête devant le despotisme

& la puissance de l'or, & sait conserver son individualité, ses opinions & ses
croyances, & même ses conceptions ar-
tiſtiques.

VI

Raphaël a eu le triſte honneur de peindre les premiers sujets mythologiques, dont l'influence a été si funeſte dans les arts jusqu'à nos jours & qui n'eſt pas près de disparaître. L'Arioſte avait remplacé le Dante comme inspirateur des créations de la peinture : du ciel, de l'enfer chrétien on arrivait au ciel païen, où devait régner à jamais, non pas Minerve, la déesse sévère, mais la facile, la voluptueuse Vénus, la vraie déesse des esprits au seizième siècle.

Le banquier Chigi, favori de Borgia, de Charles VIII, de Jules II, de Léon X, & pour cause, put amasser une grande fortune, grâce à ses *bonnes relations*, qu'il employa généreusement à favoriser les arts. Il voulut élever une villa somptueuse, enrichie de peintures de Raphaël, de J. Romain, Daniel de Volterre, Perruzzi, Sébastiano del Piombo. Recevant à ses repas magnifiques Léon X, les cardinaux Bembo, Bibbiena, Raphaël, Titien, Cellini, la courtisane Imperia, Castiglione, le poëte Tebaldeo, le parasite Tamisius, il voulut qu'ils eussent aussi pour les charmer les scènes les plus voluptueuses de la mythologie : *la Fable de Psyché, le Triomphe de Cupidon, le Conseil des Dieux & les Noces de l'Amour*. Raphaël, en peignant *le Triomphe de Galathée,* ne consulta pas la nature; il ne s'inspira que de l'antique, auquel il fut inférieur, ce qui se comprend, puisqu'il n'avait pu s'identifier avec ce sujet qu'il ne connut que par le comte Castiglione. Ce grand seigneur érudit était pour Raphaël ce que l'Arétin était pour le Titien; il lui donnait souvent des conseils, des sujets, des idées, & il méritait d'exercer cette influence, car il avait beaucoup de goût & beaucoup d'élévation dans les idées, puisqu'on a supposé que *l'École d'Athènes* avait été composée & conçue d'après ses indications. Le Castiglione avait exprimé son admiration pour la *Galathée;* il reçut cette réponse de Raphaël :

« Quant à la *Galathéc*, je me tiendrais pour un grand maître s'il y avait dans cette œuvre la moitié de toutes les belles choses que Votre Seigneurie m'écrit. Je reconnais l'amitié qu'elle me porte, & je lui dis que pour peindre une belle femme il me faudrait en avoir plusieurs, avec cette condition que Votre Seigneurie se trouverait avec moi pour faire choix de ce qu'il y aurait de mieux dans chacune d'elles. Mais en l'absence de bons juges & de belles femmes, je suis une certaine idée qui me vient à l'esprit ; si cette idée porte en soi un sentiment élevé de l'art, je ne le sais, mais je fais tous mes efforts pour y parvenir. » On voit par ces mots que Raphaël suivait les enseignements de Socrate & de Platon, & qu'il cherchait un idéal plus beau que

la plus belle nature : c'était aussi les principes du Caſtiglione.

Il était permis à Raphaël d'avoir une
aussi grande ambition & de chercher à
trouver la perfeſtion du beau dans son esprit, mais son exemple eſt dangereux à
suivre sans avoir la nature pour guide :
l'avenir a souvent prouvé qu'on ne devait
pas faire tous ses efforts pour créer du Raphaël.

« En Italie, au seizième siècle, alors
tout se rapporte aux sens & aux arts qui
les flattent. La femme, en dépit des discours platoniciens, n'eſt qu'une belle ſtatue
vivante ; le jeune garçon, c'eſt presque une
femme. Ne parlez pas morale à ces gens
qui n'ont de morale que le beau physique,
et qui, le comprenant avec une délicatesse
exquise, ne comprennent que lui. Pensez-
vous que Cellini ou Raphaël fuſsent des
moraliſtes, qu'ils rêvassent l'idéal que vous
leur prêtez ? Non. Les Vierges de Raphaël étaient des courtisanes. » — Philarète Chasles.

Beroalde & Sadolet adressaient aux courtisanes en renom des pièces de vers inspirées d'Horace, de Tibulle, de Properce : on ressuscitait tous les usages, tous les vices de la Rome des empereurs, & l'on enterrait en grande pompe dans l'église de Saint-Grégoire la fameuse courtisane Impéria, morte à vingt-six ans dans tout l'éclat de sa vogue & de sa beauté.

« Ainsi, dans ce siècle, la forme, la beauté étaient publiquement honorées presque à l'égal de la vertu, &, à l'exemple des Athéniens du temps de Périclès, les Italiens du seizième siècle assuraient à la beauté, même couverte de vices, les honneurs de l'immortalité. » — Dumesnil.

Raphaël, malgré tout son génie, a eu la faiblesse de mettre des personnages contemporains dans ses tableaux d'histoire ancienne, ce qui enlève de la vérité à la scène qu'on représente. Ainsi, dans la fresque d'*Attila & saint Léon*, c'est Léon X, entouré de sa cour & de ses cardinaux, qui délivre l'Italie du *fléau de Dieu*, représenté

par ce bon Louis XII, roi de France.
Plus tard, appelé à peindre le couronnement de Charlemagne par Léon III, il
donne au pape la figure de Léon X & à
l'empereur celle de François Ier. Vasari
savait cependant que Raphaël avait mis
cette flatterie à la mode, &, malgré cela, il
crut que c'était le couronnement de François Ier par Léon X. Avec ce syſtème, on
n'a plus l'ambition de chercher le type
idéal qu'il faut représenter dans sa vérité
hiſtorique & toute sa vraisemblance. Ce
sont des tableaux de peintre courtisan, &
l'on donne un mauvais exemple qui sera
largement imité par l'école de Venise.

On peut faire de beaux tableaux, d'inté-
ressants portraits contemporains comme
ligne, couleur, forme, composition, mais
la vérité hiſtorique étant absente, c'eſt de
la fantaisie, de l'art pour l'art, compréhen-
sible chez un peintre secondaire, mais blâ-
mable chez un peintre de la valeur de Raphaël, qui n'aurait jamais dû tomber dans
ce degré de naturalisme.

La Vierge de saint Sixte, de Raphaël, a beaucoup d'admirateurs comme expression & fini d'exécution, & même de pureté divine, malgré sa ressemblance avec la Fornarina. Pourtant le sujet eſt d'une invraisemblance qui touche à l'absurde. Un pape barbu & chevelu, à figure fanatique & ignorante, en l'air sur des nuages, la main sur son cœur, adore la Vierge, après avoir posé sa mitre papale sur le bas du tableau où s'appuient, accoudés comme à une fenêtre, deux anges qui se reposent !

Ce n'eſt pas là un sujet chrétien, c'eſt une image agréable au chef d'une religion officielle & qui fait sourire, malgré tout le talent qui y eſt déployé. De même dans *la Transfiguration,* les deux saints, Julien & Laurent, qui ont été mis dans cette œuvre pour plaire à Clément III, ont l'air de se promener dans un jardin en faisant leur prière. Michel-Ange n'eût pas fait cette concession, indigne d'un homme de génie comme Raphaël, qui n'avait besoin de flatter personne pour rester un grand homme de son vivant & conserver la faveur du prince. Il eût préféré ne pas risquer de compromettre l'unité de son tableau & ne pas fausser la vérité de l'Évangile, qui n'a jamais parlé de ces deux saints Médicis.

Quel espace immense a parcouru Raphaël des *Vierges* à *la Transfiguration!* Il a chanté toutes les notes de cette gamme qui commence à la naïveté, à la foi candide & pure du jeune élève du Pérugin, en passant par bien des impressions produites par les œuvres de plusieurs grands maîtres qui modifiaient sa manière, pour arriver à l'épanouissement complet de la forme antique, de la vérité de l'histoire chrétienne qui se montre à son plus haut degré de splendeur dans *la Transfiguration.*

C'est bien là cette scène que nous raconte l'Évangile : « Et pendant qu'il faisait sa prière, son visage parut tout autre ; ses habits devinrent blancs & éclatants.

« Et l'on vit tout d'un coup deux hommes qui s'entretenaient avec lui : c'étaient Moïse & Élie.

« Ils étaient pleins de majefté & de gloire, & ils lui parlaient de sa sortie du monde, qui devait arriver dans Jérusalem. »

Après avoir entendu les derniers ordres du divin Maître, les apôtres eurent une grande frayeur en voyant une nuée envelopper Jésus & les prophètes Moïse & Élie. C'était là un tableau complet. Pourquoi Raphaël a-t-il voulu représenter la scène qui eut lieu le lendemain telle que la raconte l'Évangile, celle du démoniaque qui, par ses mouvements, attire trop l'attention & enlève l'unité du sujet principal qui devrait être la glorification de la divinité de Jésus-Chrift. Les groupes sur la terre sont d'un dessin si large, si puissant, les attitudes sont si grandioses, si sculpturales, qu'elles prouvent une science, une étude arrivées à un degré auquel personne ne pourra atteindre. *La Transfiguration* eft donc inférieure à *la*

Cène, de Léonard, comme unité de composition. Comme sentiment religieux, elle procède de l'idéal antique, tandis que *la Cène* procède de l'idéal moderne.

Raphaël étudia tous les peintres, depuis les Pisans, le Vinci, Michel-Ange, etc. Une de ses Vierges rappelle Mantegna, *la Vierge à la Chaise* eſt empruntée à Bartolomeo ; *le Prophète Isaïe, les Sibylles* sont imités de Michel-Ange ; le portrait de *la Fornarina* ressemble, par sa couleur, aux tableaux de Sebastiano del Piombo ; enfin dans le portrait de *Phædra Enghirami,* il rappelle le ſtyle d'Holbein, qu'il a pu connaître par des tableaux qu'Erasme porta à Rome.

Aussi Michel-Ange disait que Raphaël n'était pas arrivé à l'art par la nature, mais par une longue étude.

Raphaël eſt le peintre écleſtique par excellence, & lui seul a pu grandir en imitant, parce qu'il avait une faculté hors ligne & très-rare, celle de s'assimiler les qualités qu'il ne possédait pas dans sa propre

nature. Léonard de Vinci lui eſt supérieur
par l'exécution & le caraĉlère, Michel-
Ange, par l'invention & la science de la
forme, Corrége, par la magie de l'effet, la
vérité du coloris, Giorgione & le Titien,
par la puissance de la couleur. Raphaël
résuma toutes ces qualités, non pas au
même degré de perfeĉlion, mais dans une
mesure qui l'a rendu un peintre unique.
S'il a évité les défauts de ceux qu'il a étudiés, il ne leur a pas pris leurs qualités individuelles. Par contre, il a aussi un peu
perdu de son individualité personnelle, &
de naïf, d'angélique, de suave comme son
nom, il eſt arrivé à être un disciple immé-
diat de l'antique, un Grec de la belle
époque de Périclès, conservant la noblesse
& la pureté même dans des sujets tout
païens comme ceux de *la Fornarina*, mais
entraînant à sa suite, dans cette voie périlleuse, toute son école qui, après sa
mort, ne sera plus retenue par son bon
goût naturel, sa grâce, sa modération, &
se livrera à tous les dévergondages du ma-

térialisme, qui sera pour longtemps la cause de la décadence dans les arts.

Raphaël peut être proclamé le peintre de l'intelligence ; il a consacré sa courte vie à l'étude de tout ce qui pouvait servir à perfectionner ses œuvres. Mais il a trop subi l'influence des grands esprits païens de son époque auxquels il a consacré son talent, oubliant les préceptes de l'école religieuse & spiritualiste de Pérouse, & l'école pleine de sévérité de Florence, les enseignements de Savonarole & de Bartolomeo. Il était bon & faible, né pour se faire aimer, & aimer au lieu de lutter sans cesse, & il a suivi le torrent qui, à ses yeux, était béni par la main des chefs de l'Église qui le dirigeaient. Raphaël, pour soutenir son faste de prince auquel il tenait beaucoup, déployait une grande activité ; il travaillait toujours, faisait faire des copies, des études de tout ce qu'il ne pouvait aller voir lui-même. Ce n'était pas un rêveur, un idéaliste : c'était un homme de nature plantureuse qui jouit de la vie & travaille, de

6

cette race robuſte & infatigable fortement conſtituée du siècle de Léon X.

Raphaël était un homme du monde, de plaisir, fréquentant les grandes dames comme Jeanne d'Aragon, Porcia Chigi, enivré de leur beauté, de leurs paroles, de leur manière de sentir l'amour. Aussi trouve-t-on l'empreinte de leur souvenir dans ses madones de la troisième manière, & *la Vierge à la Chaise* eſt une femme à qui les vêtements de luxe conviennent, qui rougit de plaisir d'avoir donné naissance plutôt à un enfant de l'amour qu'à un être divin. L'expression de la Vierge ne rappelle plus ce calme, cette pudeur, cette naïveté de ses premières vierges; le regard n'eſt pas céleſte, il eſt passionné; il exprime la plénitude de la vie, le bonheur de la sensation physique: c'eſt du matérialisme sans même l'esprit philosophique. Supprimez le sujet, & vous admirerez sans réserve la beauté de la femme, sa grâce qui vous pénètre profondément, le regard perçant de l'enfant qui ressemble à sa mère, & se réfugie, de peur du danger qui le menace, sur son sein protecteur. La couleur eſt admirable, l'exécution eſt supérieure, mais la vérité du sujet n'eſt pas rendue. Comment Raphaël pouvait-il conserver son spiritualisme chrétien lorsque tous les jours il exécutait ses scènes mythologiques même au Vatican ? Dans ce palais, le cardinal Bibbiena commande à Raphaël, pour sa salle de bains, *le Combat de la nature contre la beauté* & *l'amour*, etc. Le cardinal Bembo disait qu'il ne lisait plus son bréviaire, de peur de gâter son beau latin. Raphaël adopte avec entraînement cette résurrection du paganisme dans les esprits & dans les mœurs, & Michel-Ange se replie en lui-même & y résiſte.

On ne peut nier l'influence du caractère de l'homme dans ses œuvres. Étudiez le Raphaël de Florence & les tableaux de la première époque; étudiez ceux qu'il a faits à Rome : le ſtyle se transforme, s'agrandit aux dépens de la foi & de la virginité du cœur. Michel-Ange, au contraire, conserve toujours son énergie, même sur ses vieux jours, & sa noblesse de caractère & de conduite ne se démentent jamais. On peut lui préférer d'autres peintres même inférieurs à son grand génie; mais il faut reconnaître que toutes ses œuvres portent l'empreinte d'une grande âme.

Il eſt à la peinture ce que le Dante eſt à la poésie. Ces deux génies, plus frères que s'ils étaient de la même famille, sont la personnification la plus exacte & la plus puissante du Florentin au quinzième siècle, l'un des grands siècles de l'humanité. Ils résument toutes les qualités du grand citoyen & du grand artiſte, l'amour de la liberté, l'énergie du patriotisme, la noblesse de pensées, la passion de l'idéal, l'intégrité, la pureté de mœurs. C'eſt l'individualité parvenue à son extrême puissance, & qui ne sera jamais égalée.

Raphaël, qu'il nous soit permis de le dire sans être accusé de manquer de respect à son génie immortel, n'eſt donc pas un type unique de perfection telle, que l'humanité doit se reposer dans la conviction intime qu'il eſt la loi & les prophètes, qu'il faut sans cesse imiter, s'assimiler, en répudiant sa propre individualité. Raphaël a été longtemps considéré comme le pape de la peinture, infaillible & indiscutable. En effet, il eſt bien le chef illuſtre des peintres catholiques de la Rome du seizième siècle; il a résumé en lui, dans la perfection la plus complète, l'art antique & celui de la renaissance; mais comme les siècles ont marché depuis, & comme idées & comme croyances, il ne peut pas représenter le type idéal de notre dix-neuvième siècle, le peintre chrétien individualiſte, & être acclamé comme le peintre de l'avenir.

Raphaël était Apelles, Phidias, c'eſt-à-dire le peintre du beau antique, de la forme, qu'il pouvait étudier sur la nature, à une époque où les coſtumes laissaient encore apercevoir le nu du corps humain. Il a ressuscité l'art grec, & peut-être n'y a-t-il jamais eu à Athènes un peintre qui lui fût comparable, même Apelles. La peinture exclusive de la forme eſt la religion d'une société disparue, d'une civilisation opposée à la nôtre. « Pour l'imagination des Grecs, Dieu n'était que le « type idéal de l'homme. » Pour créer des dieux, il fallait donc perfeſtionner la beauté de l'homme, faciliter tous les moyens de développer le corps humain, le soumettre à un véritable entraînement. Platon raconte qu'on choisissait les hommes les plus beaux, les mieux conformés, pour les marier aux femmes les mieux conſtituées, les plus habituées à la lutte & aux courses, « pour pouvoir enfanter quelque chose de grand. »

Alors il était possible d'étudier le corps humain dans tous ses mouvements; en plein soleil on discutait le jeu des muscles, la puissance des formes, la grâce des poses, comme nous parlerions aujourd'hui de la figure d'un homme ou d'une femme, de sa mélancolie, de sa rêverie, de sa triſtesse, de sa joie, de toutes ces pensées que l'âme reflète. Aussi, de nos jours, lorsqu'on peint du nu, ce sont des sujets sortant de la vie ordinaire, & ne nous exprimant que des idées de sensualisme & de volupté.

Le vêtement cache le corps humain depuis longtemps, & pour l'étudier il faut faire de l'anatomie comme Michel-Ange ou peindre des courtisanes comme Titien. Le nu ne doit pas être le but de l'art de notre temps; il n'aurait pas même dû l'être au seizième siècle Raphaël a exécuté de véritables prodiges en le peignant d'une manière aussi grecque, & ceux qui s'y sont essayés à son exemple n'ont réussi qu'à faire du Raphaël médiocre.

De même pour les successeurs de Michel-Ange qui sont parvenus, en voulant l'imiter, à l'exagération la plus ridicule dans les mouvements & la forme, ce qui n'eſt plus l'expression de la vie, mais un syſtème, & ne montre que des os & des muscles sans chair.

Les imitateurs du Titien sont tombés dans le libertinage & la mollesse outrée;

des sujets fournis par l'Arétin on eſt arrivé aux sujets tirés de Brantôme, de Boccace, de La Fontaine & d'autres beaux
esprits érotiques du dix-huitième siècle.

VII

Jules II était digne de comprendre la profondeur du génie de Michel-Ange; aussi eut-il l'idée, bien rare chez un souverain, qui se croit toujours assez grand par lui-même, de s'immortaliser par l'association de son nom à celui de Michel-Ange, & il lui commanda un sépulcre si gigantesque qu'il ne fut jamais terminé, mais dont on voit un faible simulacre dans l'église San Pietro in Vincoli.

On regrette bien plus vivement que le tombeau n'ait pas été exécuté par Michel-Ange, lorsqu'on se trouve en face de ce Moïse si vivant, si terrible dans sa majefté prophétique. En créant ce chef-d'œuvre, il a rivalisé avec l'art grec; il a été ainsi bien plus supérieur, bien plus grand que lorsqu'il a reſtauré des ſtatues antiques mutilées, & il aurait été inférieur à l'antique s'il avait voulu créer une ſtatue avec un sujet & les idées de cette époque. Il eût été plagiaire, tandis qu'il était créateur en représentant non un dieu grec dont nous n'avons pas l'idée, mais un prophète de notre religion dont nous pouvons avoir une pensée vivante par les récits de la Bible & par nos croyances.

Michel-Ange, peu courtisan, ne pouvait supporter les cabales, les inimitiés de ses rivaux, parmi lesquels on trouve le Bramante & l'on craint d'apercevoir Raphaël. Il s'échappe de Rome & va à Florence, qui n'ose résiſter longtemps à la fureur de Jules II. La paix revint entre ces deux natures indomptables, mais les ennemis de Michel-Ange ne désarmèrent pas, ils essayèrent de lui occasionner une chute humiliante en suggérant au pape l'idée de lui faire peindre à fresque la chapelle Sixtine.

Pour un sculpteur même aussi grand, l'entreprise était périlleuse. Michel - Ange, après avoir compris la gravité du danger, voulut le vaincre, & il travailla nuit & jour, suspendu sur son lit à la voûte, une lampe à son front comme un cyclope, n'ayant avec lui que les prophètes & les sermons de Savonarole.

Au lieu d'une défaite il eut un triomphe. Son œuvre est à la hauteur de sa pensée ; rien de plus grand, de plus élevé, de plus majestueux que les peintures de la voûte, quoique nous n'approuvions guère qu'on veuille représenter Dieu le Père créateur, & qu'on se le figure comme un dieu grec sous une enveloppe humaine. Mais, à part cette remarque, rien n'est plus biblique & plus inspiré des livres saints que les épisodes de l'Ancien Testament.

Au contraire, le Jugement dernier est le mélange du paganisme & du christianisme, de Jésus & de Caron.

Comme le Dante, le grand peintre met ses ennemis en enfer, & se venge contre eux d'une manière immortelle. Son Chrifl n'efl pas miséricordieux, jufle & bon; il efl courroucé, terrible comme Jéhovah, dont il n'a pas la grandeur ni la majefté divine. Dans sa pose & ses mouvements, il ressemble à un homme qui flagelle, qui punit lui-même, à un exécuteur des hautes œuvres irrémissible. Il ne trône pas dans sa majefté calme, impassible de juge; il sent, il hait, il agit, il ne plane pas au-dessus de l'humanité comme le Chrifl du *Cenacolo*, il jouit de ses fureurs.

Dans ce fouillis de jambes, de bras, exécutés avec une habileté prodigieuse; dans cette exubérance de formes, on comprend les études anatomiques du grand Florentin. C'était une occasion trop précieuse de prouver sa science, pour que Michel-Ange, dans sa fougue & sa rudesse terrible, n'eût pas le désir de la déployer. On comprend qu'il veut lutter avec des rivaux qui ont voulu le perdre, & les terrasser comme il terrasse les damnés dont quelques-uns sont ses ennemis.

Il eſt impossible qu'on produise une autre œuvre de ce ſtyle & de cette exécution ; elle eſt admirable comme une des plus savantes créations du génie de l'homme ; on eſt ſtupéfait devant cette grandeur qui vous écrase de sa supériorité. La couleur eſt violacée & d'un ton désagréable ; peut-être eſt-ce la faute des cierges & de l'encens ? Aussi, à cause de ces ravages causés par le temps, après l'avoir étudié à loisir, il faut, pour en comprendre la vraie signification, assiſter au *Miserere* qui se chante à la chapelle Sixtine le mercredi saint.

Au moment solennel de la cérémonie, le pape, les cardinaux sont proſternés en prières ; la chapelle eſt dans l'obscurité, les dernières lueurs du jour éclairent encore quelques damnés qui se tordent & râlent dans le désespoir, peinture bien en rapport avec la scène que la cérémonie religieuse rappelle. Le dernier cierge eſt éteint, un grand bruit se fait entendre, représentant la désolation, le cataclysme de la nature... Jésus vient de rendre l'esprit.

Les ténèbres commencent, une voix d'un timbre pur & soutenu, modulant des airs d'Allegri qui expriment le dévouement & le sacrifice de notre Sauveur, domine tout ce tumulte.

La peinture, la musique se réunissent pour donner à cette scène une puissance de vérité, une poésie admirables. Après avoir ressenti cette épouvante en face du dernier jugement, des chants harmonieux d'un sentiment chrétien viennent nous rappeler la miséricorde divine & nous consoler de nos triftesses.

« Michel-Ange, fidèle disciple de Savonarole, fut la conscience de l'Italie. De la naissance à la mort, son œuvre fut le jugement. » — Dumesnil.

Il eft le grand juflicier qui flagelle les vices de l'Italie, qui assifte implacable à ses douleurs, à ses misères, qu'elle a juftement méritées. Aussi imprime-t-il en caractères immortels, dans ses œuvres, ses pensées, ses triftesses, à la vue de sa patrie asservie aux bâtards des Médicis & des

Charles Quint. Il ne songeait pas seulement à faire du beau, il pensait tout haut, & il sculptait les cris de sa conscience à grands coups de ciseau sur un marbre qui devait immortaliser la grandeur de son génie & de ses vertus patriotiques.

Lorsqu'on a visité la chapelle des Médicis dans l'église San Lorenzo, où l'or & les pierres précieuses ont été employées pour le sanctuaire des tombeaux de cette riche & puissante famille, on a hâte de revenir à l'art pur de tout métal. Il eſt à présumer que, sans Michel-Ange, Laurent II & Julien, laissés à leur goût & à leurs inspirations, auraient eu des monuments du même ſtyle que les précédents, car les princes ne sont pas toujours de bons guides dans les arts, ni les créateurs de leur siècle ; quelquefois ils savent en profiter, & ils encouragent avec leur or les grands hommes à produire leurs nobles inspirations ; mais le plus souvent ils les dénaturent & les faussent par leur goût personnel, quand ils ne les persécutent pas & n'empoisonnent pas de leurs propres mains un fleuve qui, sans eux, aurait coulé en liberté majeflueusement & en répandant des eaux plus fécondes.

Lorsqu'on se trouve en face des tombeaux de Jules II & de Laurent II, on eft saisi d'une admiration profonde pleine de rêverie, comme cette belle flatue de *il Pensiero*. Michel-Ange n'a pas voulu seulement sculpter le portrait de Laurent dans cette figure sublime de pensée & de méditation, il lui a donné son âme qui se reflète dans les traits du Médicis & le grandit à la hauteur de celui qui l'a représenté. C'eft la sculpture la plus vivante qui exifte, elle eft grecque par la forme, mais chrétienne par l'expression; c'eft le chef-d'œuvre de la sculpture moderne.

La Nuit eft la figure des deux groupes qui eft la plus remarquable, & peut-être supérieure comme idéal au *Pensiero*.

Strozzi fut si enthousiasmé de cette belle déesse, qu'il écrivit un madrigal dont voici la traduction :

« La Nuit, que tu vois dormir dans une si douce pose, a été sculptée par un ange dans ce marbre, & puisqu'elle dort, elle vit ; éveille-la, si tu ne le crois point, & elle te parlera. »

Michel-Ange répondit : « Il me plaît de dormir, & plus encore d'être de marbre, tant que le crime & la honte durent. N'entendre ni ne voir m'eſt un grand bonheur. Ne m'éveille donc point, mais parle bas. »

Voilà l'explication de l'allégorie de cette sculpture : c'eſt que la tyrannie n'a qu'un jour.

Ascanio nous raconte que Michel-Ange « ne donnait pas un coup de ciseau aux figures des Médicis sans l'accompagner d'un gémissement sur la liberté perdue. Sa haine & son mépris pour le duc Alexandre éclataient dans son cœur avec une force nouvelle, tandis que sa main reproduisait l'image de celui qu'on croyait alors son père. »

Dans son amour pour Vittoria Colonna, Michel-Ange eſt disciple de Pétrarque &

de Dante ; c'eſt la pureté du culte plato-
nique, l'aspiration vers le beau idéal. « La
beauté, dit-il, eſt un fruit du ciel sur notre
terre, & c'eſt le culte pur de la beauté
terreſtre qui nous conduit à l'intelligence
de la beauté suprême, dont elle n'eſt qu'un
rayon. »

C'eſt à cette femme célèbre par son intelligence, sa piété, ses vertus, à Vittoria
Colonna, que Michel-Ange doit d'avoir été
consolé dans sa vieillesse par une foi chrétienne. Il aime à le reconnaître : « C'eſt
vous, lui dit-il, qui avez tourné ma vie
vers le ciel par les plus beaux sentiers. »

« L'art ne peut plus contenter & remplir mon âme tournée vers cet amour divin
qui, pour nous saisir, ouvrit ses bras sur
la croix ! »

Nous voyons par toutes ces citations
que Michel-Ange n'était pas de son siècle
par ses croyances & ses mœurs ; il avait
la grandeur morale qui fait vivre, il aimait
le beau pour se rapprocher de l'idéal divin
qu'il avait en lui, & auquel il a cru toute

sa vie comme au temps de sa jeunesse,
lorsqu'il se promenait avec Laurent le Magnifique dans ses jardins splendides, où
tout était réuni pour inftruire, captiver &
charmer: les belles ftatues antiques, les
discours de Marsile Ficin, de Bertoldo, de
Donatello, de Ghiberti, que venaient quelquefois interrompre les chants des religieux de Saint-Marc & la grande voix de
Sanovarole.

On a pu imiter avec plus ou moins de
succès le Corrége, Raphaël, Titien, mais
pour Michel-Ange c'était impossible,
sans tomber dans le burlesque. Son
génie était trop original, trop élevé ; sa
science trop considérable pour chercher
avec de faibles moyens à s'approprier sa
manière, sa tournure, son ftyle. C'eft le
dernier héritier de l'école florentine, le dernier défenseur de l'idéalisme sévère & religieux dans l'art des premiers créateurs
de la renaissance. Il proclame hardiment
ses croyances avec la rude franchise d'un
homme de génie qui voit de haut les dé-

faillances de l'esprit de ceux qui vont lui succéder, les adorations des sens, l'abâtardissement de l'esprit, la décadence morale :

« Il me fut donné en naissant, comme un gage fidèle de ma vocation, ce sentiment du Beau qui dans deux arts à la fois & me guide & m'éclaire ; celui qui ne le croirait pas serait dans une fausse opinion. Ce sentiment seul porte la sculpture & la peinture à la hauteur où elles m'apparaissent. Ce sont des esprits téméraires & grossiers qui attribuent aux sens la beauté qui émeut & porte au ciel toute intelligence saine. Il n'eſt pas donné aux yeux infirmes de passer de l'homme à la Divinité. Ils essayeraient vainement d'arriver où la grâce seule peut conduire. »

Dans ces paroles pleines de conviction & de force, Michel-Ange donne les causes du progrès & en même temps les causes de la décadence dans les arts. C'eſt la prédominence de l'esprit sur les sens qui fait la grandeur des œuvres : plus les artiſtes auront un idéal élevé, divin, philosophique, chrétien, plus ils créeront des œuvres émouvantes & sublimes ; si, au contraire, ils ne sont inspirés que par le désir de flatter les sens, ils finissent par tomber dans le matérialisme le plus complet, dans lequel leur talent sombrera & s'avilira promptement.

Michel-Ange nous enseigne qu'il faut profiter des travaux de ses devanciers, puisque lui-même remerciait ses ancêtres, Ghiberti & Donatello, Masaccio & Orcagna, Brunelleschi & Verocchio, le Dante & Giotto, de ce qu'ils l'avaient rendu capable d'accomplir de grandes œuvres.

Michel-Ange nous enseigne comment, après avoir acquis une grande science, après avoir étudié les maîtres, sans les imiter, il a su conserver son originalité, donner à ses créations l'empreinte de sa grandeur morale, & rester le grave & sérieux Florentin, l'homme type de son pays & de sa race, même dans Rome, au milieu de la société la plus lettrée, la plus séduisante

& la plus voluptueuse qui eût paru depuis le siècle d'Augufte.

Michel-Ange nous enseigne que la volonté, la persévérance, la méditation, le travail doivent s'unir chez un artifte à l'enthousiasme réfléchi, à la plus savante imagination, et surtout qu'il faut posséder des pensées, des croyances positives & personnelles, de la vérité desquelles on doit être convaincu, pour ne s'en départir jamais, & pour avoir la volonté & le courage de les suivre & de les conserver même au milieu des plus grandes catastrophes morales de la société.

On sent l'influence des poésies du Dante dans les œuvres de Michel-Ange, & si dans son exiftence d'homme indépendant, incorruptible, auftère, on pense encore au Dante, ce n'eft pas parce qu'il fut plagiaire, qu'il le prit pour modèle, afin de l'imiter en sacrifiant sa propre individualité. S'il l'eût fait, il aurait été au-dessous du poëte, il n'aurait été qu'une pâle copie. Tandis qu'il fut aussi grand que le Dante, tout en restant lui-même & marqué de cette mâle énergie, de cette rudesse dont l'ingrate Florence dotait ses illuſtres enfants.

Michel-Ange eſt grec comme Raphaël, par la perfeƈtion de la forme; mais il eſt chrétien par ses œuvres, ses pensées & son exiſtence morale & politique. Il nous montre par conséquent quelle eſt *l'in-fluence de la liberté & des conviƈtions religieuses & morales sur les beaux-arts.*

VIII

Michel-Ange ne savait pas représenter la couleur comme il l'aurait voulu, & ce qui prouve qu'il ne la méprisait qu'en paroles, c'eſt que, pour lutter avec Raphaël, il fit venir un Vénitien, Sebaſtiano del Piombo. Le charme d'un coloris harmonieux n'eſt pas un mérite aussi superficiel & aussi matériel qu'on le croit communément ; il tient à des conditions d'organisation individuelle auxquelles l'imitation la plus persévérante des plus beaux modèles de ce genre n'a jamais pu suppléer.

Il n'y a que le Corrége qui ait su rendre avec une habileté égale à celle des peintres de Venise l'opposition de la lumière & de l'ombre, qui ne soit pas tombé comme eux dans l'exagération de cette qualité, & qui n'ait jamais perdu sa grâce délicieuse & riante, sa transparence & son habileté de dessin. Il n'a pas une teinte dominante, brun-rouge, comme Raphaël, rouge vif comme le Titien, doré comme Andrea del Sarto, vert argenté comme Véronèse, noir comme le Carrache et le Dominiquin, cuir brun comme le Vinci. Il a toutes les cou-leurs de la nature, sans papillotage & d'une harmonie parfaite.

Le Corrége est toujours savant sans le paraître; il a surtout excellé dans les rac-courcis & la manière de faire plafonner les figures. Comme dessin, si un peintre peut le concilier avec la couleur, n'est-ce pas lui plus encore que tous les autres? Il n'est pas aride dans sa correction; il n'exige aucun effort pour se faire comprendre; la composition paraît si naturelle qu'on la trouve facile; c'est le caractère propre de la grandeur & du génie grec, avec lequel le Corrége a beaucoup de rapports.

Il eſt donc possible de résumer les deux qualités indispensables à un peintre, le dessin & le coloris; cette queſtion, que tous les critiques débattent depuis l'invention de la peinture, se perpétue même de nos jours, à l'égard de nos peintres contemporains.

Il n'y a de vraiment peintre qu'un dessinateur coloriſte. Le premier sans couleur eſt froid & sec comme la ligne : il n'a point la vie & manque même de la vérité relative de la ſtatuaire, qui du moins donne l'ampleur des formes. Le coloriſte ,sans dessin ne produit qu'un trompe-l'œil, une chose informe, un travail de brosse, un effet matériel.

La Vierge du tableau de *Saint Jérôme* qu'on voit au musée de Parme eſt bien dans le caraĉtère chrétien, sans posséder le regard passionné & trop humain de *la Vierge à la Chaise*, ni la candeur ascétique d'une *Vierge* de Fra Angelico. Sa beauté eſt celle d'une mère dont le visage rayonne de bonheur d'avoir donné nais-

sance à un fils, & quel fils! un Dieu! Le
Bambino a le bas du visage un peu avancé,
comme certains enfants en très-bas âge ; la
couleur & l'expression en sont excellentes.
D'après un commentateur ingénieux, peut-
être vrai, l'ange montre la page blanche
des écrits de saint Jérôme, où les fautes
de la pécheresse auraient dû figurer ; toutefois cette remarque eſt faite avec délicatesse pour ne pas froisser Madeleine, qui
a la tête appuyée sur le corps de Jésus,
qu'elle semble prendre pour défenseur ;
blonde comme les femmes de Rubens,
mais diſtinguée & noble, plus française
que flamande par la grâce de sa pose & de
sa physionomie, qu'il serait difficile de surpasser.

Cette figure respire une bonté, une douceur capables de désarmer le juge le plus
sévère. C'eſt la beauté avec des formes sans
exagération ni sensualité, des traits d'une
grande pureté sans aucune sécheresse &
où brillent l'intelligence & le cœur. Cette
figure a quelque chose dans son rac-

courci qui rappelle *l'Antiope* du Louvre.

C'eſt au Corrége que l'on doit accorder le mérite d'avoir le premier rendu les étoffes dans leur uniformité ou leur variété avec une puissance de couleur, un goût de composition remarquables. La Madeleine en eſt un exemple frappant.

Sa grâce vaut celle de Raphaël, mais elle ne lui ressemble pas; chacun a la sienne, qui lui eſt particulière. Le Corrége a peut-être plus de finesse & de diſtinction. Comme agencement de lignes, je crois qu'il n'eût jamais composé un tableau comme *Sainte Cécile*.

De même que le chef de l'école romaine, le chef de l'école de Parme n'a pas un seul personnage inutile dans ses compositions. D'un côté, l'enfant avec la tasse qui se trouve derrière la Madeleine; de l'autre, cette grande figure de saint Jérôme, si remarquable qu'elle a donné son nom au tableau. C'eſt bien la chair d'un vieillard, & quoique bien rendue comme dessin & comme couleur, l'effet n'en eſt pas repoussant comme il le serait à coup sûr chez d'autres peintres ; car le Corrége ne l'oublie jamais dans aucun de ses personnages.

Viardot a dit que Raphaël était le peintre des âmes, & Corrége, celui des corps. Je trouve cette appréciation un peu exagérée : Corrége, comme peintre des âmes, eft inférieur à Léonard de Vinci, à Raphaël, à Bartolomeo ; mais il eft supérieur à un bien plus grand nombre de peintres qu'il serait trop long d'énumérer.

La grâce du Corrége tombe quelquefois dans la mignardise, comme par exemple dans le tableau de *Saint Jérôme*, où les mains ont en général trop de maigreur, surtout celles de l'ange. Sauf cette infériorité par rapport à Raphaël, il l'égale & le surpasse sur quelques points.

Dans le *Saint Jérôme* & dans la *Madonna della Scodella*, on peut juger de l'habileté du Corrége à représenter l'homme dans l'âge le plus tendre & le plus gracieux ; il faut une touche bien légère dans le pinceau pour reproduire ces traits si purs, si

fins & si doux. Il a été le peintre par excellence des enfants, c'eſt-à-dire des anges
& des amours, & pour arriver à ce résultat, la nature a été son principal modèle.

C'eſt dans la coupole du Dôme de Parme
que se trouve une des plus grandes œuvres
du Corrége : elle représente *l'Assomption
de la Vierge*. Le cortége de la mère de
Jésus eſt très-nombreux : c'eſt un pêle-
mêle de corps dans une position extraordinaire, verticale, d'un raccourci prodi-
gieux, à défier Michel-Ange ; une couleur
si éclatante, si ravissante ; une explosion
de joie, la plus immense qu'un peintre
puisse exprimer ; un tourbillon de fête, de
lumière, de grâce, de jeunesse, de beauté
impossible à décrire, & qu'il faut voir pour
s'en faire une idée.

De nombreux critiques de toutes les nations ont discuté pour savoir si le Corrége
connaissait ou non Florence & Rome ; je
m'en tiens à l'opinion de Jeanron & de
Vasari, & je les crois parce que leurs rai-
sons me paraissent inconteſtables.

Il me semble que le Corrége peut avoir
été créateur comme l'a été Michel-Ange,
& qu'il n'a pas besoin d'avoir vu les
œuvres de ce grand homme pour créer les
siennes, tous les deux ayant puisé aux
mêmes sources, la nature & l'antique.
Ensuite cette connaissance n'a pu avoir
lieu & lui profiter, puisque les fresques du
Corrége ont précédé *le Jugement dernier*,
& que Michel-Ange aurait pu les étudier
avec plus de vraisemblance.

Le Corrége ne connaissait que des copies des collections antiques, lorsque le
Florentin voyait les originaux sur les lieux
& vivait conflamment dans un milieu plus
lettré, plus savant, plus artiflique, par
conséquent plus favorable à l'émulation &
au développement du goût. Michel-Ange
avait encore de meilleures occasions pour
exécuter de grands travaux, puisqu'il devait contenter des papes & des souverains
beaucoup plus puissants que le duc de
Parme.

On a dit que *l'Assomption* du Corrége

était une apothéose : il y a du vrai dans cette appréciation; car sa manière d'interpréter les croyances catholiques démontre l'homme érudit, classique, nourri de l'antiquité.

On ne sent pas que le travail soit pénible; car toute cette science déployée eſt aussi naturelle chez lui qu'elle serait un douloureux enfantement pour un autre. Il travaille armé de pied en cap, exemple décisif à l'appui des fortes études pour devenir un grand peintre.

Aujourd'hui, beaucoup trop souvent, on peint, on dessine & on étudie, surtout pour apprendre à manier la brosse. De là le phénomène des effets & non de la pensée. Bien des peintres ont à peine fait leurs études classiques, ou, s'ils les ont terminées, ce n'eſt qu'un souvenir effacé, & qu'ils rendent peu profitable par des lectures sérieuses & assidues. Comment peut-on voir revivre la grandeur du ſtyle, l'élévation du sentiment, la vérité de l'expression & des attitudes, enfin tout ce que l'on

admire chez les grands peintres de la renaissance, qui étaient aussi des penseurs,
des savants, des littérateurs?

Dans *l'Ascension de Jésus-Chrift*, vi-
sion de saint Jean, les apôtres ont la majefté puissante & grandiose des prophètes
de Michel-Ange, unie à une grâce &
une diftinction qu'on a appelées corré-
gesque. La même impuissance à exprimer
la divinité du Chrift, mais à un degré diffé-
rent, exifte chez le Corrége comme chez
Michel-Ange.

Ce qui prouve, une fois de plus, les
goûts païens de l'époque de la renaissance, c'eft *le Triomphe de Diane*, com-
mandé au Corrége par l'abbesse de San
Ludovico. Allégri a su ne pas tomber dans
des écueils inconvenants, habituels à certains peintres, J. Romain, entre autres,
lorsqu'ils ont représenté les scènes de la
mythologie. Il s'eft souvenu de la chafteté
de Diane, & il a conservé cette qualité autant qu'il eft possible avec du nu & des
Amours.

On a voulu excuser l'abbesse de son goût trop lettré & trop profane, en disant qu'elle vivait dans le siècle. Aujourd'hui, un homme du siècle qui s'amuserait à faire représenter dans ses appartements des Dianes & des Amours tout nus, avec leurs dieux respectifs, serait considéré comme un homme fort peu sérieux; à plus forte raison s'il avait un caractère ecclé-siastique quelconque.

Il ne faut pas trop en vouloir à cette pauvre femme, & se reporter à cette époque où les papes & les cardinaux donnaient l'exemple, où la renaissance avait été la résurrection de la beauté antique &, par suite, du paganisme. Cette fusion du christianisme & de la mythologie devint très-grande & entra dans les mœurs, à peu près comme au dix-huitième siècle.

Les amateurs du Beau, laïques ou ecclé-siastiques, admirateurs de pièces antiques gravées, de vases, de statues qu'on mois-sonnait sur le sol italien, fournissaient ces sujets comme modèles aux études des artiftes. Les lettrés, les érudits, les savants lisaient, s'enivraient de ces souvenirs précieux, & tous concouraient à former un siècle plus païen que chrétien.

Les peintres qui s'étaient le plus diftingués dans la peinture des déesses, étaient choisis pour représenter la Vierge. Cette transition brusque troublait un peu leurs idées religieuses, & malgré la haute influence de quelques-uns, il y avait de la confusion & des expressions semblables pour créer des types de religions opposées. Les fidèles, sous les yeux desquels les chefs religieux mettaient dans le sanctuaire ces traductions matérielles de l'Évangile, les admiraient avec foi comme images consacrées.

Ces ornements de goût, ces réminiscences d'antiquaire tendaient à dépraver les idées simples & pures de la religion chrétienne. Je crois que tout homme impartial doit donner pour raison de la décadence religieuse & morale cet enchaînement de faits & non un parti pris, ni une idée bien nette des conséquences chez ceux qui en furent les auteurs. C'étaient des esprits aveuglés par l'amour du beau & des lettres, & si avides d'en jouir de toutes les manières qu'ils l'introduisaient jusque dans la maison de Dieu.

En considérant la fresque de Diane, peinte sur une voûte, on remarque à la clef la crosse, insigne du caractère religieux de l'abbesse, & trois croissants qui sont les armes de Diane, à moins qu'elles ne le soient de toutes les deux, ce qui donnerait une explication digne du dix-huitième siècle, où les grandes dames se faisaient représenter sous les traits des divinités de l'Olympe.

Une treille peinte en vert foncé, d'un dessin très-riche & divisée en plusieurs parties par des guirlandes de feuillage, se joint aux rosaces de la voûte. Entre chaque guirlande, il y a d'abord des fruits & des raisins en forme de corbeille, puis dans des ovales, sur un fond bleu de ciel, se détachent des groupes d'Amours ou de Génies portant des inftruments de chasse. Les enfants sont d'une couleur chaude & fondue qui rappelle Andrea del Sarto, mais avec plus de grâce, de finesse & de mouvement. On ne peut rien voir de plus spirituel, de plus ravissant que ces figures d'enfants qui ont l'air de jouer aux quatre coins.

La voûte eft terminée à la jonction de la paroi par des lunettes dans lesquelles se trouvent peints en grisaille les sujets mythologiques, où la chafteté de Diane semble courir de grands risques à côté des Endymion, des Adonis : Junon, Minerve, les Parques, les Veftales, les Grâces, la Fortune, les Satyres, tous les Cupidons possibles sont entremêlés & forment des groupes d'une pureté de dessin, d'une tournure, d'une grâce dignes de l'art grec.

Vénus manque à ce concert, & toutes les divinités, ses rivales, profitent de son absence.

On se croirait à Pompéi, non parce que j'y ai vu une fresque aussi remarquable, mais parce que c'eſt une œuvre grecque du sentiment le plus antique & le plus athénien qui exiſte. Je crois que cette chambre du Corrége eſt supérieure aux Loges de Raphaël; ces deux peintres se sont inspirés du même modèle, c'eſt évident, mais le Corrége y a mis plus de son caractère diſtinctif; il s'eſt montré plus original, &, si l'on croit se souvenir des camées de la collection Farnèse de Naples, à la vue de ces grisailles, c'eſt pour y admirer des beautés d'un ordre nouveau & qu'on ne peut désigner différemment qu'en les appelant corrégesques, du nom de leur auteur.

Antonio Allegri eſt donc un grand peintre, plus créateur, plus original que le Sanzio, dont le génie eſt une suite de transformations appelées manières, fruit des influences des plus grands peintres. Le Corrége eſt le peintre érudit par excellence, car, pour arriver à ce déploiement d'érudition, il a fallu des études préliminaires très-fortes & très-suivies. Mais il était imprégné de

l’esprit païen ; aussi a-t-il contribué peut-
être plus que Raphaël à la décadence du
sentiment religieux dans les arts.

La science du raccourci, qu’il a su rendre
agréable par une couleur supérieure à
celle des autres peintres, a créé plus d’imitateurs que Michel-Ange, dont la couleur
eſt rude & terne. La grâce du Corrége a
été imitée par ses élèves, qui l’ont tellement outre-passée qu’elle a dégénéré en
afféterie, en mièvrerie. Il eſt à remarquer
qu’excepté les Carrache, qui sont des
peintres imitateurs, les peintres originaux
& créateurs n’ont pu fonder une école
nombreuse, & après leurs premiers élèves
la décadence a régné partout.

Le Corrége a eu beaucoup de difficultés
à surmonter, sans compter sa pauvreté, &
il n’en eſt que plus extraordinaire. S’il a
été inférieur à Michel-Ange & à Raphaël
sur certains points, quoique en ayant étudié de la même manière, il a cependant été
le *Corrége*, c’eſt-à-dire un homme de génie
unique dans son genre : créateur, original,

individuel. Il aurait été plus grand s'il eût vécu à un moment de foi chrétienne, au lieu de vivre à une époque de renaissance païenne dont, par son caractère doux & timide, il ne pouvait s'affranchir. L'école de Parme eſt, quoi qu'il en soit, moins matérialiſte que l'école de Venise : on y sent encore un souffle de sentiment religieux, une certaine élévation d'idées.

L'école de Venise, dans sa plus grande splendeur, diffère de l'école florentine & romaine, en ce sens que chez elle l'élément païen a dominé exclusivement sans être subordonné d'une manière rigoureuse à l'élément chrétien ; elle n'a pas même eu l'esprit philosophique, spiritualiſte de la Grèce ; elle a été surtout inspirée par l'esprit sceptique, licencieux de l'Arétin, & pourtant dans nul autre pays la peinture religieuse n'avait été plus nationale, plus vivace & plus durable, puisqu'elle exiſtait encore avec Jean Bellini, au milieu du seizième siècle.

C'eſt Giorgione qui engagea les artiſtes

dans la voie de l'étude du perfectionnement extérieur, surtout du coloris. Titien s'appropria ses découvertes, qu'il appliqua dans toutes ses œuvres, même celles qui représentent des sujets religieux. Il s'est créé un caractère de talent remarquable, surtout dans le portrait, qu'il a traité en homme de génie & où il est supérieur quelquefois même à Raphaël. Ses têtes ont plus de vie, plus de puissance d'expression; elles sortent du cadre, & les accessoires, le costume, ont une vérité, une couleur si riche, qu'ils produisent l'illusion la plus complète & qu'on croit se trouver en face du personnage vivant, qu'il se nomme François Ier, Paul III, Charles Quint, Philippe II, l'Arioste, Bembo, l'Arétin & Titien lui-même.

L'Assomption est le chef-d'œuvre du Titien, comme tableau religieux; la vie & le mouvement y sont admirables : on est ébloui à la vue de cette couleur brillante & harmonieuse. Toutefois le chef de l'école de Venise est bien inférieur à Léonard de

Vinci, Michel-Ange, Corrége, Fra Bartoloméo, Andrea del Sarto, pour exprimer, même à défaut de sentiment religieux, une expression élevée, philosophique. Il n'a pas leur grandeur de pensée, leur foi, leur spiritualisme en représentant des scènes qui doivent avoir pour but principal d'élever le cœur & l'esprit, plutôt que de séduire les yeux.

La composition eſt excellente, & le Tout-Puissant plane sur cette scène splendide d'une manière très-magiſtrale ; le mouvement d'ascension manifeſté dans la pose de la Vierge eſt très-bien rendu : c'eſt la seule chose surnaturelle qu'on puisse remarquer au milieu de tous ces êtres pleins d'une santé exubérante.

Raphaël a commis volontairement des anachronismes en mettant des portraits de personnages contemporains pour les flatter & leur donner un rôle important dans une scène hiſtorique mémorable, mais il n'a pas, comme le Titien, Véronèse, Tintoret & les peintres hollandais &

flamands, négligé la vérité des coftumes,
la couleur locale, dans des tableaux exclusivement religieux & représentant des
scènes de l'Évangile. Le Sanzio a donné
de trop grandes preuves de son habileté,
de sa science dans la vérité hiftorique, pour
être mis sur la même ligne que les peintres
vénitiens & être accusé d'impuissance,
comme on serait tenté de le faire pour Véronèse ou le Titien. Il suffit de citer *la
Transfiguration*, où les personnages ne
sont pas des Romains du seizième siècle,
mais de vrais Juifs par leur figure & leurs
vêtements.

Tandis que dans *la Présentation de la
Vierge au temple*, du Titien, il n'y a rien
de plus bizarre que de voir une petite fille,
la Vierge, vêtue en juive du moyen âge, re-
çue par un prêtre vénérable en coftume de
doge, & des conseillers des Dix, des séna-
teurs, des cardinaux assiftant gravement à
cette présentation officielle.

Dans *les Noces de Cana*, le Titien, Véronèse, etc., font de la musique pour char-

mer François Ier, Charles Quint, le sultan Achmet II, la reine Marie d'Angleterre, le marquis Du Guart & Éléonore d'Autriche, qui sont les deux époux, à la même table que Jésus. C'eſt une admirable peinture donnant une idée réelle & vivante de l'exiſtence somptueuse & sensualiſte, pleine de luxe, des Vénitiens au seizième siècle ; aussi Jésus eſt fort dépaysé dans cette compagnie profane, & il ferait l'effet de la ſtatue du Commandeur si, malgré tout, le peintre ne lui avait donné son expression caractériſtique de mansuétude & de sainteté.

L'art parvenu à ce degré de naturalisme perd de son influence sur les esprits, & ne remplit plus sa haute mission, qui eſt le culte du Beau, du Vrai & du Bien. Léonard de Vinci, dans le *Cenacolo,* eſt fidèle à cette mission qui, après lui, n'a fait que se dénaturer graduellement. On comprend qu'on ne puisse pas toujours composer des œuvres de cette élévation d'idées, de cette hauteur ; il eſt concevable que l'art puisse reproduire des scènes de la vie contemporaine, il faut alors que le peintre se contente de nommer son tableau *les Vénitiens au seizième siècle*, & non pas *les Noces de Cana*, parce que le public s'attend à être transporté dans le domaine de l'hiſtoire idéalisée, & on ne lui montre que les jouissances terreſtres auxquelles Jésus préside & qu'il autorise, puisque le récit eſt dans l'Évangile, mais qui, représentées de cette manière, perdent de leur salutaire influence & ne disent rien à l'esprit ni au cœur.

Le Titien eſt supérieur à tous les peintres lorsqu'il représente les scènes sensuelles de la mythologie, les Vénus de Florence, les Danaé, etc.; il n'a nul souci des Grecs, de Platon, de Phidias, de l'idéal; il ne cherche pas à se créer un type de beauté plus admirable que celui qu'il voit dans la nature. Pour lui, l'art eſt la splendeur de la nature vivante & plantureuse, pleine de vigueur & de volupté, sans nul souci que celui de jouir de tous les plaisirs qu'offre la terre & surtout Venise, sa patrie.

C'eſt le peintre du luxe, de la magnificence, disciple d'Épicure, d'Ovide, d'Horace, de Boccace, de l'Arioſte & de l'A-
rétin !

Les œuvres des grands génies de la peinture tiennent beaucoup du milieu dans lequel elles ont été produites ; elles sont le
résumé de l'art qui les a précédées, & auquel leurs auteurs ont donné un degré supérieur de perfeſtion en leur imprimant le
cachet de leur propre individualité. Ainsi,
l'apogée de leur progrès, qui depuis n'a
pas été surpassé, s'explique parce qu'ils
sont venus au moment le plus favorable
pour profiter des efforts de leurs devanciers, jouir les premiers & largement d'une
liberté qu'ils avaient péniblement con-
quise, s'imprégner des travaux littéraires,
scientifiques de tous les hommes célèbres
du seizième siècle, qui en a produit tant &
de si remarquables qu'aucun nom de notre
temps ne les éclipse.

Ces grands peintres sont arrivés à un
moment de fièvre, de vie, de fureur de

jouissance, de séve païenne, de plénitude
de forces, d'indépendance individuelle, de
mouvement, d'agitation morale, physique,
tel que jamais le monde n'en avait vu de
semblable, succédant à une époque d'oppression intellectuelle & religieuse. Toutes
les digues furent rompues, ce fut une résurrection du monde païen, avec la conscience de plus, que n'avait pas cette
époque qui vivait seulement de sa vie
normale & en rapport intime & direct
avec les dieux de l'Olympe ; tandis que
les chrétiens du seizième siècle pouvaient
bien se rendre compte qu'ils avaient
renié leur religion pour revenir à celle
des païens, parce qu'elle favorisait leur
goût littéraire, artiſtique, en harmonie
complète avec leurs plaisirs & leur matérialisme. Ils avaient rompu avec la tradition chrétienne qu'avait essayé de raffermir, de sauver Savonarole; ils avaient
voulu, dans leur folie pour le culte des
sens, faire revivre le passé. Le passé ne
peut revivre qu'en subissant des transfor-

mations qui le dénaturent : ce n'eſt donc plus le passé, c'eſt un fantôme, une copie qui ne sert qu'à corrompre les esprits & les fait dévier pendant de longs siècles de la route qu'ils auraient dû suivre pour arriver à un progrès nouveau.

Chaque chef d'école, le Vinci, Michel-Ange, Raphaël, le Corrége, Giorgione, le Titien, ont eu avant eux Verrochio, Ghirlandajo, Pérugin, Mantegna fils, Bellini, pour leur préparer la voie qu'ils devaient suivre. Chacun d'eux avait sa méthode, son expérience, ses préceptes dont ils étaient un peu esclaves, enfin, s'appuyant sur une tradition qui remontait jusqu'aux premiers temps du moyen âge.

Les grands peintres du seizième siècle n'ont eu qu'à profiter de leurs expériences, de leurs patients efforts & qu'à voler à pleines voiles au souffle de la liberté. Ils ont beaucoup osé, parce qu'ils se sentaient forts & qu'ils ont voulu être libres ; ils ont fait parvenir chaque école à son extrême progrès après lequel il ne pouvait y avoir que décadence, parce qu'ils la portaient en eux-mêmes. Chacun avait abusé de tout; l'art de chaque école avait atteint ses dernières limites; chacun avait donné son dernier mot. Et comme l'ont fort bien dit MM. Jeanron & Leclanché dans leur traduction de Vasari, Véronèse & Tintoret vinrent trop tard; le Giorgione trop tôt, & le Titien, qui n'était pas mieux doué qu'eux de la nature, vint au moment favorable pour faire arriver à la plus grande maturité ce que les autres avaient semé.

Véronèse & le Tintoret, malgré leur grand talent qui fit vivre l'école de Venise pendant un siècle de plus que les autres écoles, se débattent en efforts glorieux pour rajeunir leur école, pour arrèter la décadence.

« Dans sa magnificence matérielle & dans ses immenses représentations, Véronèse perd quelque chose de cette intimité sympathique, de cette signification profonde, de cette sublimité contenue qui ont tant d'ascendant sur les âmes. Le Tintoret,

dans son exaltation, touche à la fièvre, &
dans son énergie à la fureur. Trop souvent
aussi, dans ses aspirations les plus naïves,
l'éclectisme souffle ses conseils adultères. »
— Jeanron & Leclanché.

La société du seizième siècle était eni-
vrée avec juste raison de toutes les œuvres
d'art de l'antiquité ; mais il n'était pas nécessaire, pour que les beaux-arts en ressen-
tissent une heureuse influence, d'en prendre
sciemment les idées, les vices, les dépra-
vations.

Elle ne voulait entendre aucun appel,
aucun retour au christianisme, au sentiment moral & religieux, à la pureté de
l'esprit & du cœur. Il fallait satisfaire tous
ses besoins, tous ses appétits, ce qui imprima une impulsion considérable aux
beaux-arts. Aussi, quand les grands artistes n'avaient pas en eux des convictions
pour résister à ce torrent de joie païenne,
ils le descendaient avec entraînement.

Depuis Cimabue, qui avait rompu avec
l'asservissement à un système de peinture

érigé en dogme, l'art n'avait marché que de progrès en progrès; après être arrivé à un point culminant représenté par les œuvres de L. de Vinci, de Michel-Ange & de Raphaël, il avait encore grandi avec Raphaël, Corrége, Titien, au point de vue extérieur comme ampleur de formes, comme couleur, mais il avait en même temps perdu comme spiritualisme, comme idéal de la pensée.

La décadence commençait avec les plus grands, parce qu'il leur manquait, comme nous l'avons dit, le sentiment moral, l'indépendance du caraĉtère & une conviĉtion religieuse. L'art devenait un métier, & l'artifte en venait à tout peindre sans scrupule, témoin Jules Romain qui employait son grand talent à illuftrer des sonnets de l'Arétin qu'un autre grand artifte, Marc-Antoine, gravait au burin. Il faut reconnaître que le pape régnant l'aurait fait pendre si le cardinal Hippolyte de Médicis ne l'avait pas protégé.

A Mantoue, Jules Romain oublie encore

l'exemple de Raphaël; il se souvient de son titre de Romain qui a été si longtemps synonyme de débauché & de licencieux. Ses fresques auraient été dignes d'orner la maison d'un Tibère plutôt que celle d'un prince chrétien. Le Corrége a fait du nu mythologique pour une abbesse, mais il a su le rendre décent & chaste comme un bas-relief de la Grèce. Jules Romain, au contraire, a produit un style d'inconvenance, & qui n'a rien de séduisant à force de brutalité & de réalisme. La société qui se réunissait dans ces salons devait être bien décolletée pour ne pas rougir devant des scènes lubriques, exposées *coram populo*, surtout celle de Jupiter & d'Olympias. Les autres sont du même genre, quoique n'approchant pas de cette crudité. C'est Psyché, un flambeau à la main, qui admire l'Amour; puis d'autres scènes du même intérêt entre Bacchus & Ariane, Vénus & l'Amour, etc. Toutes ces peintures sont exécutées avec un grand talent d'invention, de dessin & de pittoresque. Il y a bien une

certaine grâce, mais elle eſt d'un ordre inférieur & dépourvue de la pureté grecque
de son divin maître Raphaël.

Le Titien, comme J. Romain, a subi
l'influence des œuvres de l'Arétin. Le grand
peintre de Venise consultait souvent l'Arétin pour la composition de ses tableaux ;
de même que Raphaël demandait des conseils au Caſtiglione, & que Michel-Ange
s'inspirait de Savonarole & de la Bible.
La main du peintre peut être toujours
habile, mais sa pensée n'eſt pas reſtée à la
même hauteur.

Michel-Ange était réservé, très-peu prodigue de son amitié, & malgré toutes les
flatteries, il ne se laissait pas fléchir par
ceux qu'il méprisait. L'Arétin avait beau
lui écrire des lettres comme celles qu'il
écrivait aux empereurs, aux papes, aux
hommes célèbres ; il avait beau lui dire
qu'il éclipsait par son génie Phidias,
Apelles, Vitruve, il ne réussissait pas à
l'attendrir, & il en était pour ses frais
d'éloquence & de bassesse.

D'ordinaire, l'Arétin, quand il était mal accueilli, ce qui arrivait rarement, répondait des insolences ; mais avec Michel-Ange, il n'eut pas cette audace ; il le respecta & il l'admira toute sa vie. Et pourtant l'Arétin était assez puissant pour que le pape Clément VII lui demandât sa protection auprès de l'empereur après le sac de Rome. C'est à lui que le Titien doit d'avoir été en si grande faveur auprès de Charles Quint. Enfin c'était un homme dont tous les peintres, tous les rois, tous les papes ont reconnu l'influence, qui cependant provenait des moyens les plus méprisables. Il possédait l'art de mendier pour satisfaire des goûts de luxe effréné. A un jeune homme qui lui avait envoyé rapidement ce qu'il lui demandait, il écrit : « Voici mes sonnets libertins, merci de tes cent écus. Dépensons, vivons, buvons, réjouissons-nous comme des hommes libres. »

A la marquise de Pescaïre, cette sainte Maria Colonna, qui l'engage à employer son talent à des œuvres de charité, il répond : « Un de mes amis a dédié une bible au roi très-chrétien, & il attend depuis cinq ans une réponse, tandis que ma comédie de *la Courtisane* a facilement arraché à ce même roi une grande chaîne d'or. » Il n'agit pas ainsi, dit-il, par malice, mais pour vivre.

Il menait un train de prince & il se faisait un magnifique revenu « qu'il tire des entrailles des princes par l'alchimie de sa plume. »

Il eſt naturel que l'Arétin eût une grande faiblesse pour les courtisanes, car sa mère & ses sœurs portaient ce titre fièrement, « & ses filles se hâtèrent toutes de continuer cette tradition de famille. »

« Tels étaient les résultats de ce mouvement intellectuel & puissant. Les aventuriers de la plume obſtruaient les avenues, barraient le passage aux grandes capacités & aux immortelles pensées que l'avenir prend soin de venger.

« Paul Jove, chargé par le pape d'écrire les biographies contemporaines, vend l'éloge ou le blâme de sa plume... Bembo, qui obtient la barrette pour avoir commenté l'amour, s'entoure de ses maîtresses; Anacréon eſt cardinal; d'obscurs pédants ont des villas splendides. — Et Lélio Socin fuit à travers les mers; Jordano Bruno, qui a deviné le syſtème du monde, eſt brûlé vif; Galilée eſt en prison, & le Tasse n'a pas de chandelle pour écrire quand le jour baisse; & l'Arioſte s'écrie dans une de ses satires : « Mes chemises s'usent, ô Roger! ô Angélique! ô Sacripant! donnez-moi des chemises! » — Enfin Machiavel, dans sa hutte de San Casciano, joue au petit palet avec les bouviers, les chaufourniers & les bûcherons de l'endroit, vêtu d'un sarreau comme eux, banni de Rome, banni de Florence, encore tout meurtri de la torture, se faisant oublier & mangeant les choux de son petit domaine. » — PHILARÈTE CHASLES.

Pendant ce temps, l'Arétin était au faîte de l'opulence, de la prospérité, de la gloire, écrivant les *trop célèbres dialogues, ou conversations modèles de tous les livres obscènes des temps modernes.*

L'Arétin écrivait la vie du Chriſt & de la Vierge, ainsi que la vie & les amours des courtisanes, des femmes mariées, des religieuses, etc., & il demandait en récompense la barrette rouge, sans scandaliser personne, au contraire!...

IX

L'Italie avait donc fait des progrès dans la voie de la dépravation morale & religieuse, depuis le jour où un jeune moine saxon avait été envoyé par son ordre en mission dans la capitale de la chrétienté. « Il était parti plein d'illusions naïves sur Rome, la « cité sainte, » & le pape, « image « du Chriſt sur la terre. » Il trouva dans le pape Jules II un César païen ; dans la cité sainte, une Babylone impie. »

L'étonnement de Luther fut immense : il vit l'Église perdue ; mais sa foi dans le chriſtianisme n'en fut pas ébranlée, & après bien des luttes, il s'affranchit de l'absolutisme de la cour de Rome pour n'admettre qu'une seule puissance sur les âmes, celle de Dieu & de sa révélation. Le peuple était mûr pour comprendre le besoin de se régénérer, il avait conscience de sa perdition & de son esclavage, & s'il manqua de confiance en lui-même & de courage avec Savonarole, il suivit, encouragea Luther dans sa réforme religieuse, dans son élan vers la liberté & la foi spiritualiste.

La lutte recommence entre le paganisme ressuscité & le chriſtianisme méconnu, avili. Le monde était passé de la triſtesse chrétienne du moyen âge à la joie païenne, de l'esclavage à la licence ; il avait perdu toute morale, toute espèce de foi. Luther voulut lui donner la joie chrétienne, le calme que donne seule une conscience raffermie par ses croyances spirituelles & morales, par l'assurance de la miséricorde de Dieu & du Sauveur.

Il donna aux peuples l'idée d'exprimer leurs pensées par des chants, ce qui fit leur consolation dans les supplices & dans les douleurs, leur action de grâces dans la joie. Avant lui, la musique était absorbée par le clergé, elle ne sortait pas des églises ; c'était un chant monotone, inconsolable, ou bien rappelant des souvenirs égrillards. Les messes se chantaient sur des motifs dont les paroles primitives étaient des gaudrioles, les unes sur *Dites-moi toutes vos pensées*, de Jean Mouton ; *Baisez-moi*, de Pipelare ; *A l'ombre d'un buissonnet*, de Brunel ; *Amour me bat*, de Josquin Desprez.

Le peuple, abandonné à lui-même, « écoute le cantique du bon & grand Luther, qui enseigne le repos en Dieu. » Goudimel invente la musique des psaumes de Clément Marot & de Théodore de Bèze, & bientôt le peuple & la noblesse les savent par cœur. « Les psaumes ramenèrent pour les catholiques la mode des noëls, vieux poëmes populaires dont le sujet habituel était la nativité du Chrift. » — Bordier & Charton.

Rome, malgré son horreur de la réforme, subit son influence, & adopte ce qu'elle apporte de sévérité, d'auftérité dans la religion; elle charge Goudimel de ré- former sa musique, & celui-ci devient le maître de Paleftrina. Après ce grand maître de la musique viennent Allegri, l'auteur du *Miserere* qu'on chante à la chapelle Six- tine; le Florentin Rimmicini, qui composa le premier opéra, qui fut exécuté aux noces de Henri IV & de Marie de Mé- dicis.

L'élan eft donné, c'eft maintenant la mu- sique qui régnera sans partage en Italie, la littérature eft morte, la peinture & la sculpture se meurent aussi, faute d'air & de liberté; l'inquisition ne permet pas de penser, mais de chanter. Eft-ce pour se consoler, pour exprimer des regrets des souvenirs de sa grandeur passée, pour trouver de nouveaux chants inspirés par une foi chrétienne vivante & plus raison- née? Non, le même *Miserere* d'Allegri suffit pour des siècles, l'Église eft immo- bile!... Toutefois on eft libre d'exprimer ses passions matérialiftes, on peut chanter pour diviniser le plaisir & la joie mondaine !...

Les grands peintres italiens suivent le mouvement musical, & l'on a remarqué que c'étaient surtout les plus grands coloriftes; « ce qui prouverait qu'il exifte une affinité myftérieuse entre l'organe de la musique & celui qui préside à la connaissance des couleurs. Les deux plus grands coloriftes de l'école florentine furent sans contredit Léonard de Vinci & Fra Bartolomeo, & l'on sait que le premier fut également admiré à Milan comme musicien & comme peintre, & que les compositions musicales avaient un attrait irréfiftible pour le second. Le Corrége, qui porta plus loin que tout autre artifte la magie du coloris, avait reçu dans le cours de sa vie des impressions si vives & si délicieuses en ce genre, que pendant le dernier sommeil qu'il eut immédiatement avant de mourir, il rêva qu'il avait retrouvé Paleftrina dans le ciel, & que cette rencontre avait été pour lui comme les prémices de la béatitude éternelle.

« Mais ce qui eſt un argument plus décisif encore, c'eſt que parmi les peintres de
l'école vénitienne la passion de la musique
fut à peu près universelle, du moins dans
la deuxième période qui finit avec le seizième siècle.

« Très-souvent, en effet, plusieurs d'entre
eux se réunissaient pour goûter ce plaisir
en commun ; c'était une des jouissances
quotidiennes du Titien dans le petit palais
qu'il occupait en face de l'île de Murano,
à la portée des chants suaves & harmonieux qui partaient le soir & souvent
pendant toute la nuit d'une multitude
de gondoles qui animaient les lagunes. »
— Rio.

Vasari raconte que le Giorgione jouait du
luth & chantait si bien qu'il dirigeait souvent les concerts que donnaient les patri-
ciens de Venise. Le Tintoret, le Bassan,
Pordenone, Paris Bordone, avaient aussi
le même talent. Et le Garofalo, aveugle
dans sa vieillesse, se consolait de son mal-
heur de ne pouvoir plus peindre & jouir

de la vue des couleurs en faisant de la musique.

Pendant que l'Italie s'endormait dans les plaisirs & les chants, la réforme était acclamée par les esprits dans le nord de l'Europe.

Bossuet avoue en partie que la réforme était nécessaire. « Il y avait plusieurs siècles qu'on désirait la réforme de la discipline ecclésiaftique. » — « Qui me donnera, disait saint Bernard, que je voie avant que de mourir l'Eglise de Dieu comme elle était dans les premiers jours ? »

Luther, comme Savonarole, ne voulait qu'une réforme dans la religion, le retour à la tradition de l'Église primitive, rendre au laïque le pouvoir religieux usurpé par une classe sacerdotale. La cour de Léon X ne songeait qu'à conserver sa puissance & sa tranquillité, le chef de l'Église parlait politique lorsque le moine ne pensait qu'à sa religion.

On ne put s'entendre, & la rupture définitive avec l'absolutisme du moyen âge, préparée depuis si longtemps, éclata, en trouvant un homme courageux, fort de sa conscience & de ses convictions pour la diriger. Notre étude ne comporte pas des détails religieux sur le fond de la queſtion, mais il faut tenir le plus grand compte de ces transformations morales qui ont la plus grande influence sur toutes les productions de l'esprit humain. Et tout le monde s'accorde à dire, comme Helvétius, « que c'eſt uniquement aux causes morales qu'on peut, dans les sciences & les arts, attribuer la supériorité de certains peuples sur les autres. »

Et lorsqu'on étudie l'hiſtoire universelle, l'on remarque un acheminement lent, mais réel, de l'homme vers la liberté publique & religieuse, un affranchissement de tous les despotismes ligués ensemble dans leur intérêt pour l'exploitation de la race humaine. Cette émancipation a été inaugurée dans le monde par Jésus-Chriſt. Aveugle qui ne voit pas! Elle a été souvent arrêtée dans son développement par les dépositaires, les représentants privilégiés de la religion du Chrift, mais elle finira par régner complétement, lorsque l'homme sera parvenu à un tel degré de perfectionnement moral & religieux que rien de païen & de matérialifte ne puisse lui résifter.

« La négation de l'autorité dans l'ordre spirituel conduisait inévitablement à la négation de l'autorité dans l'ordre philosophique & social. Luther & Calvin, bien sans le vouloir, menaient à Bacon & à Descartes, comme Bacon & Descartes, à leur insu, menaient à Locke & à Mirabeau. » — *Hifloire pop. de la France.*

La renaissance avait commencé par appeler la lumière sur l'antiquité classique & ressusciter les trésors enfouis des grands esprits du paganisme. Le catholicisme, qui songeait surtout à gouverner les peuples, en leur imposant des dogmes par l'autorité ecclésiaftique & non par l'autorité des Écritures, qui, en émancipant les consciences des despotismes terreftres, leur donne l'obéissance à Dieu, ne peut résifter à l'invasion des idées païennes. La réforme proclama la juſtification par la foi en face de Rome, qui défendait la juſtification par les œuvres. Dès son origine, la réforme eſt une affirmation de la loi divine ; ce n'eſt pas une opposition, une proteſtation, c'eſt la résurrection de l'esprit de liberté, de la foi du chriſtianisme primitif absorbé par le vieil absolutisme de la Rome païenne. Mais en proclamant l'indépendance de l'homme vis-à-vis de l'homme revêtu d'un caractère religieux, sacerdotal, pour l'asservir à Dieu, Luther & Calvin conduisaient à la liberté de l'âme & de la conscience sanctifiée par la foi.

Luther a voulu réconcilier l'homme avec le chriſtianisme, que la servitude lui avait appris à mépriser & à déteſter ; il a reconſtitué la famille, la pierre angulaire de tout édifice, de tout État, dans laquelle il a fait entrer le sacerdoce, en donnant un livre, la Bible, pour méditer & se conduire. Un livre *imprimé* & dans la langue de chaque nation détruisait ainsi cette éternelle suprématie du latin, de la langue de la vieille Rome sur toutes les langues des peuples, facilitant ainsi, par ce fait, l'indépendance de la pensée, la diversité de caractère, d'appréciation, l'essor de toutes les nationalités se réunissant sur un même point fondamental, l'esprit chrétien.

L'homme, devenant responsable de son salut vis-à-vis de Dieu, est amené à un travail spirituel & moral qu'on ne connaissait pas avant la réforme. Plus d'intermédiaire entre Dieu & lui, il faut qu'il agisse par lui-même, qu'il étudie, qu'il cesse d'être ignorant; de là les éléments de notre histoire moderne & de celle de l'avenir.

La réforme veut relever, purifier l'esprit humain corrompu par le matérialisme. De ce mouvement régénérateur aurait pu jaillir en Italie une ère nouvelle de grandeur dans les sciences, les arts & les belles-lettres. Les artistes, formés à cette rude école de la liberté religieuse, pénétrés de ce souffle puissant qui régénère & agrandit l'idéal humain, auraient voulu exprimer leurs pensées, leurs croyances, & rénover ainsi, en la faisant progresser, la tradition spiritualiste & chrétienne de Giotto, d'Angelico de Fiesole, de Bartolomeo, de Vinci & de Michel-Ange.

Pourquoi ce mouvement n'eut-il pas lieu ? Que faisait alors l'Italie en présence de cet ébranlement général ?

« En Italie, l'équilibre des facultés humaines se trouvait rompu. La prépondérance de l'art avait écrasé jusqu'au sentiment du juste & de l'injuste. On eût pardonné à Michel-Ange même le parricide. Les princes n'avaient de vénération réelle que pour le sculpteur, le graveur & le peintre ; la foi chrétienne, cette foi sévère, née dans les catacombes, nourrie des arguments de l'école, propagée par le sang des martyrs, se transforme, devient artiste à son tour, oppose à Luther le Vatican & la splendeur des rites. Le pontife est-il un homme infâme? peu importe : il est pape. Il est fils de Dieu. Il siége sur un trône qui

commande à la ville & au monde. Il ful-
mine, il eſt vieux, il eſt magnifique, il eſt
adoré. De l'encens, des fleurs, de la musique, des ſtatues, des coupoles, des vases,
des fontaines à ce peuple; il oubliera Dieu,
les notions du bien & du mal, & l'asservissement, & la peſte, & les désaſtres, &
les approches de l'étranger, & la misère.

« Phénomène que la Grèce n'avait pas of-
fert aussi complet, aussi magnifique, aussi
nu, aussi fatal. » — Philarète Chasles.

La papauté veut donc toujours conserver son ancienne puissance sur la ville &
le monde, sur les âmes & sur les individus; Charles Quint ambitionne à son tour
l'empire universel : de cette rivalité vient
le sac de Rome, que personne n'a com-
mandé, mais dont tout le monde eſt content. Les Espagnols, les Italiens des
Abruzzes, les Allemands, commandés par
un Bourbon, saccagent, pillent ce redoutable sanctuaire sans que l'Europe s'en
émeuve. « Rome a mangé le monde, » disait le vieil adage : cette fois, le monde a

mangé Rome. Rome eſt morte, vive l'Italie ! » — MICHELET.

Pas encore ; ce n'eſt pas si facile de changer les habitudes des peuples ; le despotisme exiſte longtemps, quoique en changeant de nom, & il faut des siècles pour le secouer, tellement l'humanité eſt débile & routinière. De cette foule d'artiſtes, de savants, de littérateurs, il n'y eut que Michel-Ange & Machiavel qui se montrèrent de grands citoyens fidèles à leur patrie. L'Italie était comme la proſtituée des nations, livrée à tous les peuples qui venaient se ruer sur elle comme à la fin de l'empire romain. Elle souffre toutes les infortunes en expiation de ce que Rome avait fait subir à l'univers & voulait perpétuer.

Les artiſtes qui avaient continué de peindre, Raphaël en tête, la main posée, le cœur tranquille, se dispersèrent après le sac de Rome. Michel-Ange reſta seul survivant à tous les désaſtres, à la décadence de l'art, à l'asservissement de sa patrie.

La réforme, au nom du chriſtianisme,

commande le respect de la liberté individuelle, le consentement de la volonté. Dans
chaque nation où elle a des adhérents, elle
revêt un caractère particulier, la diversité dans l'unité.

Mais ce n'eſt pas la devise de Rome :
elle a l'idée d'une seule foi, d'un seul empereur, un pape infaillible au temporel &
au spirituel ; elle veut l'unité absolue en
toutes choses ; c'eſt pourtant une idée
païenne, c'eſt-à-dire exclusivement humaine, car tout homme livré à sa nature a
cet inſtinct de vouloir imposer sa volonté,
& il devient intolérant, despotique ; il n'y a
que le chriſtianisme qui puisse le ramener
à la tolérance & à la liberté.

M. de Rémusat a dit d'une manière
très-éloquente que l'unité n'eſt la condition
désirable « ni la règle nécessaire des choses
humaines, sectes, églises, écoles, gouver-
nements. Où rien n'eſt combattu, rien n'eſt
contrôlé, & quand une seule parole a
droit de se faire entendre, ce qui parle n'eſt
pas contenu, ce qui se tait eſt opprimé.

Tout s'engourdit & se dégrade. Osons prendre dans le sens affirmatif & favorable la parole sacrée : *Il faut qu'il y ait des hérésies.* Des hérésies, c'est-à-dire des choix ; choix, c'est liberté.

« Aucun absolutisme n'est bon, & l'unité est le propre de l'absolu. Qu'on n'objecte pas que, l'unité & l'absolu étant des attributs de la vérité, c'est refuser à la vérité l'empire, c'est couronner le scepticisme que réclamer la liberté ou l'examen, l'opposition, le débat. Oui, la vérité est une, immuable, absolue, perpétuelle, parfaite ; mais où cela ? dans le royaume qui n'est pas de ce monde. La vérité n'est pas sur la terre ; ce qui est sur la terre, c'est la connaissance de la vérité. Or, la connaissance de la vérité n'est point fixe, invariable, universelle, identique. Elle ne l'est pas dans les individus, ou il faut nier la diversité des dons naturels & des effets de l'éducation, de la tradition, de l'expérience, du travail, de l'étude. Elle ne l'est pas dans la société, puisqu'elle est composée d'individus & aussi, puisqu'on en parle tant, de civilisations différentes. »

Rome voulait maintenir son antique suprématie, qu'elle voyait compromise ; l'Italie était trop sceptique, trop usée par les voluptés pour produire un homme capable de triompher dans la lutte. C'est du fond des sierras de l'Espagne que se lève cette tragique figure de Loyola, qui vient relever & perfectionner le syſtème du moyen âge, le règne du silence, l'anéantissement de l'individu, de la pensée, l'adoration matérialiſte des choses extérieures de la piété.

L'absorption de toute nationalité en faveur de Rome, enfin la mort au lieu de la vie, en face de la figure sévère & pleine de profondeur de Calvin imprimant à la théologie de l'Allemagne la forme de l'esprit français, créant *la religion de la parole*, le verbe de la France religieuse & philosophique, *émancipant la science française de la parole latine, du verbe de l'étranger* (H. MARTIN), réveillant la fierté de

l'indépendance de nos ancêtres les Francks-
Germains, & résiſtant seul dans une petite
ville, Genève, aux rois & aux papes,
qui défendent l'absolutisme par tous les
moyens. Une lutte périlleuse & mortelle
engendre des résultats désaſtreux; Calvin
devint intolérant & persécuteur comme ses
adversaires & comme son temps; mais
le calvinisme ne l'a pas suivi dans cette
voie, & la tolérance & la liberté de conscience ont été reconnues juſtes, néces-
saires. Il a fallu deux siècles de philosophie, il a fallu la révolution française, &
encore cette doctrine eſt souvent attaquée,
& son triomphe n'eſt pas complet.

Le Chriſt aime la vérité; mais il aime
aussi les âmes, même lorsqu'elles s'égarent.
Aucune forme du chriſtianisme n'a donc
le droit de réprimer en son nom les hérésies, quelles qu'elles soient.

Comme l'a fort bien observé M. H. Martin, le calvinisme vaudra mieux que la
doctrine de Calvin, le jésuitisme sera bien
pire que Loyola.

Le jésuitisme & l'inquisition furent les armes de Charles Quint & de Philippe II pour ruiner, de concert avec les Paul IV, les Pie IV & les Pie V, la liberté civile & religieuse jusque dans la pensée individuelle. L'Italie s'affaisse sur elle-même & graduellement : elle cesse de penser; elle chante & gazouille par tous les temps, sans autre but que celui de chanter. Le despotisme l'oppresse & arrête la transformation de la renaissance, qui, après s'être développée d'une manière païenne dans les sciences, les lettres & les arts, aurait commencé un autre développement, plus conforme à ses traditions religieuses.

La réforme venait à son heure pour lui rendre une vie nouvelle, en la purifiant de son matérialisme & lui montrant les vérités chrétiennes qui pouvaient seules la faire progresser dans le spiritualisme le plus élevé.

Le sombre génie de l'Espagnol, du sanguinaire Philippe II, allié de la papauté, fait dominer son despotisme inexorable, inquisitorial dans les Pays-Bas & en France, sous Henri II, Charles IX, Henri III & la Ligue.

Partout où il règne s'élève une odeur de sang & d'incendies humaine.

A la nouvelle de la Saint-Barthélemi, le Vatican se para de fleurs & s'illumina de cierges. On vit rire Philippe II, qui n'avait jamais ri (1).

Quelles hécatombes, quels sacrifices agréables au Dieu de miséricorde, au doux Sauveur, que Léonard de Vinci a si bien compris dans le *Cenacolo* & qui, en présence du disciple qui va le livrer au supplice, n'a que des paroles de paix & de charité !

Quelle profanation du chriftianisme !

(1) Saint-Goar, ambassade d'Espagne, manuscrit, Bibliothèque nationale.

X

L'art ressentait les impressions profondes de tous ces événements déplorables.
Dans l'école espagnole, Ribera étonne les
yeux par l'étalage « de chairs palpitantes
& déchirées ; il offre à la multitude le simulacre des exécutions les plus horribles,
mettant en scène des bourreaux à l'œuvre
& des victimes hurlantes, ne choisissant
enfin que des saint Barthélemi, des saint
Laurent, c'eſt-à-dire des êtres humains,
torturés, écorchés, dépecés, roués, brûlés
vifs. Voilà ce qui convenait à un artiſte qui
semblait né pour être le peintre par excellence des hautes œuvres de la sainte inquisition. » — Ch. Blanc.

Murillo, en revanche, a montré le côté tendre, aimable & radieux de la religion catholique espagnole ; c'eſt un grand peintre coloriſte, mais bien loin du spiritualisme chrétien de l'école de Florence & de Rome. L'idéal ne fut pas la passion de l'école espagnole : elle eut l'ambition de rendre la vie, la nature, même dans toute sa brutalité ; c'eſt une école réaliſte.

Vélasquez a été le plus grand peintre de cette école : ses œuvres, ses portraits surtout ont été si pleins de caraċtère, de vérité, de poésie, qu'il en eſt arrivé au sublime. Le Titien, Van Dyck, Rubens ne l'ont pas surpassé dans le portrait. « Si la peinture n'était qu'un second enfantement de la création, Vélasquez serait, a dit Ch. Blanc, sans contredit le plus grand des peintres. »

Au palais Doria, à Rome, on voit, dans la galerie de tableaux, deux portraits, l'un d'André Doria, l'illuſtre amiral génois, par Sébaſtien del Piombo ; l'autre d'Innocent X, par Vélasquez. Ils attirent les regards par

leur diversité d'expression : d'un côté le caractère noble, héroïque; de l'autre, la nature dans ce qu'elle a de plus matériel.
L'âme ne rayonne pas sur cette figure de
moine qui semble avoir emprunté aux ani-
maux les plus grossiers les lignes qui dé-
montrent les passions les plus brutales.

Vélasquez a fait là un prodige de vérité,
& de son temps son triomphe fut complet,
puisqu'on prit la copie pour le modèle
dans une circonftance mémorable.

L'école espagnole eft empreinte au suprême degré du génie espagnol possédant
la férocité des Africains, l'opiniâtreté des
Ibériens, la fierté de la race gothe, & l'enthousiasme des Arabes. A une période de
grandeur éclatante succéda une période
« de décadence dont Philippe II put de son
lit de mort apercevoir déjà les symptômes
infaillibles. Il en était le principal auteur,
car ce fut lui qui, achevant l'œuvre commencée par son père, établit sans retour le
double despotisme, religieux & politique,
sous lequel l'Espagne succomba.

« Le despotisme religieux, organisé dans l'inquisition, arrêta complétement le développement intellectuel & le progrès de la science. Le despotisme politique détruisit au sein de la société tout mouvement, toute vie... Ces effets se combinant avec le caractère national, l'Espagnol, paresseux & pauvre, se fit mendiant, & pour mendier avec orgueil, il divinisa la mendicité. Elle eut ses temples, qui furent les couvents, & la religion, ayant cessé d'être un objet permis d'exercice pour l'intelligence, se matérialisa, soit dans des habitudes dépourvues d'influence sur les mœurs, soit dans les pratiques d'un auftère & sombre ascétisme. » — LAMENNAIS.

Les artiftes espagnols peignirent leurs croyances religieuses, leurs habitudes, leurs mœurs : c'eft un véritable cours d'histoire réalifte. Murillo n'a pas craint de mettre une cuisine dans un tableau religieux : Zurbaran a prodigué les têtes de mort, les cilices, les sacs en crin, etc.; Murillo les mendiants pouilleux. Vélasquez

nous montre des marchands d'eau, des buveurs, une nature morte des plus appétis-
santes, un enfant de Caſtille au regard colère, galopant sur un pesant coursier dans
un désert brûlé par le soleil, sans eau, sans
plantes, sans habitations. Image de l'Espagne dans sa décadence, fruit du despotisme religieux & politique qui dessèche &
tarit toutes les sources de grandeur d'une
nation si richement douée, & à laquelle
avait appartenu l'empire du monde.

Charles Quint l'avait presque possédé ;
pour arriver au résultat complet & pour
le conserver, Philippe II avait ruiné,
aplati l'Espagne pour trois générations.

« On avait fait de mauvais ouvrages
après des chefs-d'œuvre ; on n'en fit plus
d'aucune sorte. Le théâtre se ferma, les
livres cessèrent de s'imprimer & de se lire,
les ateliers de peinture furent déserts ; tout
se tut, tout disparut, tout s'éteignit. Il y
eut dans les arts & dans les lettres comme
un interrègne sans exemple, un siècle vide,
une lacune étrange qui coupe toutes les

traditions, un sommeil complet de l'esprit national qui cesse d'agir & de donner signe de vie ; enfin une sorte d'éclipse intellectuelle, dont aucune lueur n'interrompt les longues ténèbres. » — VIARDOT.

L'Espagne est restée jeune, noble, fière, généreuse ; elle a du fanatisme pour son pays, elle n'a pas usé de ses forces depuis longtemps, elle se recueille & se retrempe dans le sommeil ; la liberté, comme elle l'a déjà fait pour l'Italie, pourra seule la réveiller & lui rendre sa puissance & sa grandeur dans la science, les arts & les lettres !

X I

L'école hollandaise, dans sa première période, se traîne à la remorque de l'Italie en décadence; elle imite & ne crée point. Elle devient grande & originale lorsqu'elle conquiert son originalité, & qu'elle arrache aux Espagnols son territoire & aux inquisiteurs sa foi.

« L'indépendance de la nation, la liberté de conscience, & le gouvernement populaire, ce sont là les trois causes de l'originalité hollandaise dans tous les genres, & l'époque où ces trois grandes causes ont agi dans toute leur force peut s'appeler l'âge d'or de la Hollande. » — CH. BLANC.

Les Hollandais adoraient leur patrie; ils

avaient beaucoup souffert, beaucoup combattu pour avoir le droit de jouir de l'exis-
tence en pleine liberté.

Chaque artifte se mit à peindre ce qu'il
voyait autour de lui, les buveurs, les ca-
naux, les prairies, les cavaliers, les ani-
maux, les gentilshommes dans leur salon
de conversation. Toute la Hollande fut reproduite en peinture sous tous ses aspects,
& chaque citoyen eut le bonheur de pouvoir, dans son appartement intime, à son
foyer, contempler tous les souvenirs de sa
patrie.

En nommant les sujets, c'eft nommer
les peintres Rembrandt, Van der Helft,
Paul Potter, Wynantz, Ruysdaël, Jean
Steen, Hobbema, Berghem, Miéris, Gé-
rard Dow, Brauwer, etc.

Cette foule de grands peintres se révè-
lent à eux-mêmes & à leur pays, sans
préliminaires, sans tradition, sans précurseurs ; ils font explosion. Ils peignent ce
qu'ils aiment, ce qu'ils sentent ; ils peignent
au lieu de parler, & leur parole eft pleine

d'éloquence. On sent la vie, la foi, l'honnêteté de mœurs, la liberté dans toutes ces œuvres. La réforme a fait subitement surgir de terre une école que le soleil de la liberté a pu seule enfanter. C'était une école de pure imitation, mais elle a le mérite d'être originale, créatrice, & d'occuper le deuxième rang après l'école italienne dans l'hiftoire de la peinture.

Rembrandt eft le moins réalifte de son école; il en eft le plus grand & il possède des qualités qui le placent au-dessus de tous les autres peintres hollandais; car il ne se contente pas d'imiter la nature, il la transforme en lui imprimant le caractère de son génie. Suivant M. Charles Blanc, les plus grands & les plus originaux artiftes du monde sont Phidias, Léonard de Vinci & Rembrandt, parce qu'ils ont été l'expression la plus haute du génie grec, du génie florentin & du génie batave. Je crois que Michel-Ange pourrait être cité comme réalisant le type florentin d'une manière plus exclusive, tandis que Léonard de

Vinci n'eſt pas seulement florentin, il eſt le peintre moderne, le peintre de l'avenir par excellence, mieux compris à notre époque qu'il ne le fut de son temps.

Guſtave Planche reconnaît aussi que Rembrandt, dans l'hiſtoire de la peinture, eſt un des sept maîtres qui représentent vraiment une manière à part.

Rembrandt, dans ses tableaux religieux, eſt essentiellement chrétien. Supprimez les anachronismes de coſtume qu'il aurait mieux fait d'éviter, & quel que soit votre culte, vous trouverez qu'il exprime bien un des caraĉlères de l'esprit de l'Évangile. Il n'a pas l'élévation de Léonard de Vinci ; il n'a pas étudié l'antique. Son idéal réside dans le cœur, dans le sentiment, dans l'expression ; il peint le dieu des affligés, des malheureux, des souffreteux, des *gueux*, & la figure du Chriſt lui-même en eſt l'emblème, la personnification. Aussi peut-on se demander si Rembrandt n'a pas donné volontairement la même laideur au Dieu des gueux & aux gueux eux-mêmes. Il semble qu'il ait voulu montrer que le Chrift était mort pour tous les peuples, & aussi pour les Hollandais; & en mettant en évidence un juif chamarré, brodé, coiffé d'un turban & la canne à la main, peut-être a-t-il voulu protefter contre la tradition qui, en donnant des coftumes romains antiques aux personnages de ces scènes religieuses, a l'air de vouloir accaparer le privilége, l'exploitation de ce sacrifice en faveur d'une seule religion : l'Église catholique. Ce Hollandais impassible n'a-t-il pas intention de conftater dans son procès-verbal : Le Sauveur eft mort aussi pour nous. Les rayons lumineux qui partent du ciel pour éclairer cette scène émouvante, en laissant Jérusalem dans les ténèbres les plus épaisses, prouvent que Rembrandt avait aussi une foi chrétienne & tout individuelle.

Rembrandt eft donc un poëte & un penseur; il eft poëte plein de rêverie par la couleur magique dont il noie les contours, plongeant dans l'ombre les détails secondaires, faisant éclater dans la lumière l'idée principale ; un penseur, puisque, même en sacrifiant la vérité hiflorique & la couleur locale, la noblesse de la ligne, en concentrant toute sa puissance d'imagination, toute son énergie, sur la scène qu'il veut représenter, il arrive à exprimer la passion, la vie de l'âme dans toutes ses diversités avec une vérité, une profondeur pleine d'originalité & indépendante de toutes les traditions.

C'eft ainsi que Winantz, se promenant dans la campagne, charmé par tous les détails de la route, les cailloux, les brins d'herbe, un filet d'eau, les gazons déchirés, les troncs d'arbres morts, qu'il regardait malgré leur peu d'importance comme faisant partie de la création, de l'œuvre de Dieu, voulut les représenter tels qu'il les voyait, avec amour & dans la plus grande exactitude. Il fonde ainsi l'école de paysage hollandaise dont le principe eft basé sur l'imitation, mais qui, par le caractère, le génie individuel de Ruysdaël, Paul Potter, Hobbema, Wouwermans, etc., a dépassé l'imitation pure pour se rapprocher de l'interprétation personnelle.

Il n'a manqué à ces grands maîtres pour avoir exprimé la nature comme Claude Lorrain, que d'avoir possédé dans leur âme un idéal, une plus grande élévation.

C'eft la réforme qui a donné naissance à l'art du paysage. L'esprit cloîtré du moyen âge, l'esprit païen, n'avaient des yeux l'un que pour le sanctuaire, l'autre que pour l'idéal de la forme humaine qui était sa divinité.

La réforme, en rapprochant l'homme de son Dieu, en supprimant tous les intermédiaires, l'a rapproché de la nature & de son créateur. Il a senti le parfum qui s'en exhale, la beauté qu'elle exprime, ses colères, ses joies, ses triftesses & ses splendeurs.

Et comme l'a dit fort éloquemment Lamennais : « Le Beau, objet de l'art, n'eft que le Vrai rendu sensible, & dès lors la fonction de l'art consifte à attirer, par le charme du Beau, les hommes vers le Vrai qui eſt aussi le Bien, à le leur faire aimer, & à concourir ainsi au but final de la création, en l'unissant toujours plus à Dieu. »

Or, rien ne rapproche plus de Dieu que la vue de l'immensité du ciel & les merveilles de la nature ; rien d'humain n'a pu la créer, & c'eſt l'esprit de Dieu qui la conduit, la fait vivre, & peut, par sa volonté, en changer le cours.

Au dix-septième siècle, l'école hollandaise eſt dans sa plus grande splendeur ; au dix-huitième commence la décadence, parce qu'elle va chercher son inspiration ailleurs que chez elle, en France ou en Italie. La mythologie renaît encore, & les peintres peignent des ruines antiques, des Neptunes, des Tritons, des allégories, au lieu de maisons hollandaises, de bourgmeſtres, de grands amiraux, de buveurs, etc.

L'école cesse de sentir battre son cœur en face de la nature, des mœurs, des gloires & des croyances de son pays, pour représenter ce qu'elle ne voit point, ce qu'elle ne peut comprendre qu'en feuilletant des livres & des gravures, ou en imitant les tableaux des autres peintres.

L'école hollandaise perd son originalité, sa grandeur, sa vie personnelle, son caractère national. De nos jours, elle commence à revenir de ses erreurs, & l'on peut espérer pour elle une autre ère de gloire & de prospérité.

XIII

C'eft l'école de Bruges, ce sont les frères Van Eyck qui ont commencé à peindre à l'huile sur tableau, devançant l'Italie dans cette découverte & lui donnant les moyens d'exprimer ses pensées après qu'elle venait de secouer les liens de l'immobilité byzantine. Les frères Van Eyck fondèrent l'école flamande qui, pendant quelque temps, conserva un caractère original. Plus tard, elle voulut s'italianiser; le vieux Breughel, Porbus résiftèrent à cet envahissement comme Holbein en Angleterre, mais sans beaucoup de succès dans les hautes classes.

Il fallut Rubens pour accentuer le caractère de l'école qui se personnifie en lui.

11.

C'eft le Flamand dans sa plus haute expression, dans toute son originalité & presque malgré lui. Il copiait Raphaël, Michel-Ange, & il ne parvenait à faire que du Rubens. C'eft en plein dix-septième siècle, comme pour l'école hollandaise, que l'école flamande s'épanouit.

Le pays se réveille, commence à oser vivre & sentir tout haut après le despotisme de Philippe II, qui l'avait condamné au silence dans la vie, de crainte du silence dans la mort. Il avait encore des maîtres étrangers, mais il y a une trêve, un repos, qui lui permettent de jouir de l'exiftence qu'on lui a laissée. Le peuple était saturé de voluptés sanglantes, blasé sur toutes les impressions après les spectacles auxquels il avait assifté. Il lui fallait pour l'émouvoir une peinture de débauche en grand, colossale par la couleur & par les formes.

Rubens fait palpiter la vie dans toutes ses toiles; la chair brille, miroite, on voit un sang riche circuler dans les artères :

c'eſt la joie humaine dans toute son exubérance, dans sa splendeur, mais sans être
ennoblie par l'antique ni idéalisée par l'esprit chrétien. Rubens eſt un grand peintre
qui a divinisé la nature comme le Titien,
avec la différence que l'un eſt Flamand
& l'autre Vénitien, c'eſt-à-dire que l'un
accuse les expressions voluptueuses avec
fracas, l'autre les exprime avec délicatesse,
avec art, & les voile, les adoucit, ce qui
leur donne une profondeur plus pénétrante
& plus perfide. Dans Rubens, l'idéal eſt
bien moins grand que chez Rembrandt &
chez le Titien, & souvent la réalité dans
son énergie brutale & sanguine, l'ardeur
physique, débordent d'une manière exagérée & peu poétique, comme par exemple
dans ses Bacchanales.

Rubens a été un grand seigneur, un am-
bassadeur, & sa peinture avait le type
somptueux qui convenait aux cours & le
faisait souvent réussir dans ses missions
diplomatiques. Il a joui dans toute son
exiſtence, comme le Titien, d'une grande

prospérité, d'un luxe, d'un bonheur que les troubles de son pays n'altéreront jamais. Rubens, avec sa magnifique tête calme bien portante, au regard limpide & souriant, eft de la famille de ces êtres que la pensée ni les rêves de l'idéal n'ont jamais troublés. La matière domine dans sa nature comme chez les païens, mais elle porte des fruits flamands sans aucune trace de goût antique.

Pour juger de la différence qui exifte entre Rembrandt & Rubens, il suffit de citer *la Descente de croix* de la cathédrale d'Anvers & de la mettre en parallèle avec celle du peintre hollandais.

« Philippe II avait compté sur le bourreau pour raffermir du même coup l'autorité de l'Église & son autorité. L'hiftoire démontre assez clairement qu'il se trompait. Son impitoyable cruauté, qui a coûté tant de sang aux Pays-Bas, digne de la réprobation de tous les cœurs généreux, étonne à bon droit tous les esprits éclairés comme une grossière méprise : la terreur ne réveille pas la foi. La piété de Rubens n'était pas la piété d'un anachorète ou d'un croisé; mais il n'y a dans *la Descente de croix* rien dont puisse s'alarmer ou s'étonner la piété la plus sincère. » —G. PLANCHE.

Cela eſt vrai, mais il n'y a rien non plus qui la réveille, & le ſyſtème de Philippe avait produit la tiédeur, le repos, l'indifférence. Rubens, en peignant la mort du Chriſt, n'eſt pas affligé, ému, comme Rembrandt, ni transporté dans les régions spiritualiſtes les plus élevées, comme Léonard de Vinci. Il songe à nous montrer de très-belles femmes avec de belles chevelures, des carnations splendides, des vêtements d'une couleur somptueuse; il cherche à composer une scène pleine de mouvement & d'énergie, & il réussit en effet à produire un chef-d'œuvre de vie & de couleur. Mais eſt-ce là ce qu'on cherche dans la représentation de la mort du Sauveur, & l'esprit chrétien y eſt-il compris? Pas le moins du monde. Le Chriſt a l'air d'un homme, d'un hercule bien mort & qui ne ressuscitera pas. C'eſt du naturalisme sans aucune espèce d'idéal, seul capable de créer des œuvres sublimes, à la vue desquelles les âmes puissent s'élever au-dessus des réalités matérielles d'ici-bas !

Van Dyck a pris à son maître Rubens la pensée spirituelle de son art, Jordaens la partie matérielle. Van Dyck a montré ce qu'il y avait de bon à retenir de la manière de Rubens, ce qui était salutaire, fécond, & il en a tiré le plus grand parti. Il a moins de grandeur que son maître, mais il a plus de noblesse, d'élégance d'expression, de sentiment dans ses tableaux religieux, dans ses chriſts & dans ses portraits. Ce *gentilhomme de l'art*, beau, élégant de sa personne, noble de manières, a fait des portraits remarquables en Italie, en Angleterre, & tous possèdent sa tournure ariſtocratique. Il les a marqués de l'empreinte de sa personnalité. Il n'eſt pas besoin de sa signature pour connaître le nom de l'auteur. Dans ce genre de tableaux, il a presque égalé le Titien, & son coloris a plus de charme & plus d'harmonie que celui de Rubens.

Si Rubens représente le côté puissant, charnel, plantureux, sensuel, de son pays, Van Dyck le côté élégant & ariftocratique, Jordaens, Téniers réfument en eux la nature flamande dans toute sa trivialité ; ils chantent, ils boivent, ils rient, ils dansent, comme de vrais Flamands des tavernes & des kermesses. C'eft la vie du peuple dans toute sa puissance & ses appétits les plus sensualiftes. Il y a beaucoup de vérité dans ces Vénus, ces Bacchus du Nord, dans cette grosse joie ; tous ces détails sont trop réaliftes, d'un ordre d'idées bien inférieur, mais ils dénotent chez l'artifte une grande originalité ; cela vaut mieux encore qu'une imitation froide & académique.

C'eft ainsi qu'arrive la décadence en Flandre comme en Hollande, par la mythologie du dix-huitième siècle & l'introduction du ftyle maniéré italien & du classique froid

& correct de David. Le réveil ne s'eft fait sentir qu'avec la liberté du pays, en 1830. La peinture en Belgique commence déjà une seconde renaissance dont les racines reposent dans les traditions du pays.

Les deux écoles de Hollande & de Flandre sont surtout naturaliftes. L'idéal n'y occupe pas la première place comme dans les écoles florentine & romaine, mais elles ont eu leur raison d'être, & si elles n'avaient pas exifté, l'art humain ne serait pas complet. Après avoir eu la gloire de conquérir la seconde place dans l'art moderne par leur originalité, elles peuvent en conquérir une plus grande, si les artiftes, s'appuyant sur leurs traditions nationales & d'écoles, leurs croyances religieuses, cherchent à surpasser leurs anciens maîtres, émettent plus haut leur ambition, leur idéal, non pas en voulant marcher sur les traces de Raphaël, mais en prenant Rembrandt & Rubens comme leurs précurseurs, leurs devanciers. Ils arriveront ainsi à un résultat aussi glorieux que Léonard de Vinci, Michel-Ange, Raphaël, dont les devanciers étaient Giotto, Masaccio, Orcagna, Pérugin, Bartolomeo, etc.

XIV

L'art gothique était en décadence, comme nous l'avons déjà dit. Un changement allait s'opérer dans l'architecture, mais qui devait en France consister plutôt dans la forme que dans le fond. Cette renaissance commence dans notre pays, en 1450, avec les architectes français, Jean Bullant, Philibert Delorme, Pierre Lescot, Pierre Nepveu, Pierre Fain, & beaucoup d'autres dont les noms inconnus n'ont pas la réputation qu'ils mériteraient d'avoir dans leur ingrate patrie. Ils modifièrent eux-mêmes leur art sans le secours de l'Italie, tout en conservant ce qui convient à notre climat, surtout dans le nord de la France. On professa toujours, comme au moyen âge, la même admiration pour l'antiquité, dont on suivit la tradition, qui tient compte des mœurs, des goûts, des usages, & fait plier l'architecture à ces besoins indispensables.

Ainsi les palais, les châteaux, les maisons du quinzième, du quatorzième & du treizième siècles ont une certaine ressemblance dans leurs dispositions qui ne varient que par les différences naturelles qu'apporte le temps dans les mœurs & les usages des hommes. Chambord, d'après Viollet-le-Duc, offre encore le plan d'un château français du moyen âge. La maison de Jacques Cœur eft le plus beau modèle de ce ftyle qui participe du gothique & de la renaissance, & conftitue un type nouveau, qu'on peut appeler français. Car c'eft en France, avec des architectes & des sculpteurs français, qu'il a été créé dans toute son originalité. De tous les sculpteurs, le plus illuftre, c'eft Jean Goujon, dont personne jusqu'à nos jours n'a égalé les œuvres pleines de noblesse, de fierté & d'inspiration.

Le sculpteur français a profité des enseignements de l'art italien, mais en se les appropriant, sans cesser d'être lui-même ; c'eſt là le propre de la grandeur. Aussi son nom eſt-il la plus haute signification de la renaissance & de la réforme française, parce que son talent avait progressé en raison du développement de la morale & de la liberté de pensée, & parce qu'il avait ramené toutes ses études au point de vue de la conscience humaine.

Son talent ne le sauva pas de l'assassinat, & sur le théâtre de ses travaux, le ciseau à la main, sculptant la façade du Louvre, il fut tué d'un coup d'arquebuse le jour de la Saint-Barthélemi ; Ramus le fut le même jour, dans son cabinet, ainsi que Goudimel, à Lyon. Bernard Palissy mourut à la Baſtille, à cause de ses croyances religieuses.

Ces morts anticipées, si fatales pour la marche de l'art, prouvent une fois de plus

la nécessité absolue de la liberté de conscience. Lorsqu'une société tue un homme
de génie ou brûle un livre, elle se met à la
place de Dieu, interrompt le cours d'une
civilisation & s'expose à plonger dans
l'ignorance plusieurs générations, qui mettent un temps précieux à retrouver une
découverte ou une science utile à l'humanité. Si Michel Servet ne fût pas mort
avant l'heure, peut-être aurait-il complété
plus tôt qu'elle ne l'a été sa découverte
célèbre de la circulation du sang.

Le cardinal d'Amboise, vrai pape, dont
Rouen était la Rome, avait fait bâtir un
admirable château, Gaillon, par plusieurs
architectes, parmi lesquels se trouvait Philibert Delorme ; il fut démoli en 1796,
comme représentant l'affreux gothique. On
n'a pu conserver de ces ruines que l'élégant portique qui eſt dans la cour de
l'école des Beaux-Arts & qui avait été
conſtruit par Pierre Fain. A la même
époque, on conſtruisit à Rouen le palais
de juſtice, mélange heureux de gothique

& de renaissance, mais d'un ſtyle moins pur que celui de la maison de Jacques Cœur, de Pierre Nepveu.

Le merveilleux château de Chambord, qui eſt le plus complet, le plus brillant des châteaux de la renaissance, offre un mélange de couleurs d'une grande harmonie. La brique rouge, le blanc éclatant de la pierre, le bleu de l'ardoise du toit sur lequel se détachent une forêt de choses prosaïques, comme des tuyaux de cheminée, mais d'une ornementation telle que l'utile disparaît sous l'agréable & que l'édifice perdrait à être dépourvu de ces clochetons.

La partie du Louvre de Pierre Lescot & de Jean Goujon, bâtie sous François Ier, Henri II, Charles IX & Henri IV, les parties des Tuileries & de Fontainebleau conſtruites par Philibert Delorme, forment la première période de la renaissance.

De Charles IX à Henri IV, pendant les guerres de religion, alors que l'Espagnol & l'Italien règnent en France par leurs passions, l'architecture s'abâtardit, & le

goût maniéré italien de la décadence domine avec tous ses caprices de mauvais
goût. Les Français avaient d'abord les
Italiens pour auxiliaires, ils les ont maintenant pour maîtres, & tout s'italianise.

L'architecture reprend ensuite une allure
plus française, plus originale, mais moins
élégante, moins pure de forme que dans les
premiers temps de la renaissance. La
lourde & basse arcade remplace la forme
carrée aux angles arrondis des fenêtres,
qui deviennent nues & sont privées de
cette croix de pierre sur laquelle on in-
cruflait des sculptures si fines & si gracieuses.

Cette seconde période commence à la fin
du règne de Henri IV & finit à la majorité de Louis XIV ; alors les Italiens ont
perdu leur influence, & l'esprit français
conquiert une indépendance & une originalité réelles.

Les architectes s'occupent surtout d'orner les intérieurs des palais & des maisons,
& de les rendre agréables pour ces hommes

qui sentent le besoin de se reposer & de jouir d'une exiftence plus calme, après les horreurs des guerres religieuses suscitées par l'étranger. Le règne de Henri IV fut une ère de liberté de confcience, de pacifi- cation, de recueillement, de repos fécond en tous les genres pour la France. Malheu- reusement ce bonheur, cette tranquillité, les projets de ce grand roi n'étaient pas du goût de certains esprits qui n'y trouvaient pas leur compte, & ils s'arrangèrent pour s'en débarrasser d'une manière irremé- diable. Malgré cette tragique cataftrophe, si fatale à la France & qui a changé le cours de ses deftinées, l'esprit français avait eu le temps de se retremper, de re- prendre possession de lui-même, & une re- naissance toute nationale se produit dans les sciences, la philosophie, les lettres, les arts.

C'eft l'époque de la Fronde, des courses guerrières & aventureuses de *Mademoi- selle*, de madame de Longueville, de ma- dame de Bouillon, le grand siècle où brillent Pascal, Corneille, Molière, Descartes, Poussin, Le Sueur, précédant le règne de Louis XIV, à l'influence duquel ils ne doivent rien, bien au contraire, car ils n'ont pu grandir que pendant une minorité, une régence. Cependant ces grands hommes ont été absorbés par la flatterie dans le règne de Louis XIV, alors qu'il les a trouvés célèbres ou morts quand il eſt parvenu à l'âge de majorité.

Pour le développement de toutes les branches de l'esprit humain, il faut le mouvement, la vie, la lutte, le triomphe, les déceptions, toutes les phases par lesquelles passe l'âme humaine à travers les obſtacles & les périls de la route. A cette époque de liberté, il y eut beaucoup de mal & beaucoup de bien; s'il y avait des scandales à la foire Saint-Germain, on s'édifiait à Port-Royal; saint Vincent de Paul créait les sœurs de charité pendant que le cardinal de Retz se vantait de ses relations criminelles & que le marquis de Sévigné quittait son adorable femme pour la fameuse Ninon de Lenclos.

On ne peut entrer dans un salon qui a conservé l'architecture de cette époque sans se sentir vivre au milieu de cette société, hardie, libre, indépendante, à l'esprit mordant, grave, sérieux, ou d'une légèreté audacieuse, comme le propos de madame de Longueville : « Je n'aime pas les plaisirs innocents. »

Lorsque, au contraire, la société est gouvernée d'une manière despotique, qu'on ne lui laisse que la liberté de s'occuper de son bien-être & de ses jouissances physiques, elle s'énerve, se corrompt, & l'esprit s'altère & se matérialise.

Les appartements d'Anne d'Autriche à Fontainebleau, la galerie de l'hôtel Lambert, la galerie d'Apollon au Louvre sont les derniers spécimens du goût pur & délicat de l'art français.

XV

Le genre colossal, majeftueux quand même, règne en souverain; l'architecture fait plier ses règles traditionnelles, sa raison devant l'omnipotence de Louis XIV : il faut que tout concoure à sa grandeur.

Le roi eft bien logé à Versailles; les appartements sont immenses, de dimensions énormes, & les ducs & pairs étouffent à l'entre-sol ou au galetas; mais, dira-t-on, qu'eft-ce que ces détails insignifiants lorsqu'on se trouve en présence de cette immense façade de Versailles ?

Elle eft vafte, cela eft vrai, mais ne donne aucune idée de sa grandeur; c'eft le même défaut que pour Saint-Pierre de Rome; on

a voulu faire imposant, & on n'a pas
réussi ; on croit voir se dérouler les nombreuses fenêtres d'une caserne, plutôt que
les appartements d'un grand roi. Le ſtyle
a la prétention d'imiter l'antique ; c'eſt du
romain de la décadence, froid, correct,
classique, monotone. Cette façade n'a ni
commencement ni fin ; elle a un centre qui
ne se diſtingue des ailes que par un avan-
cement, où doit probablement habiter le
maître ; mais les deux ailes pourraient continuer indéfiniment vers l'horizon, comme
les files d'hommes d'un régiment. En revanche, la cour d'entrée offre beaucoup
de caractère ; c'eſt le ſtyle Louis XIII
qui y règne, avec les briques rouges
mêlées à la pierre, & l'architecture en
eſt plus gaie, plus rationnelle & plus originale. Sous Louis XIV, la brique n'eſt
plus employée, & la pierre domine par
une couleur uniforme & pleine de monotonie.

Le roi concentre dans sa personne, dans
sa volonté toutes les forces vives de la na-

tion, qui pour lui n'exifte pas, & qui véritablement, grâce à lui, finira par ne plus avoir de vie réelle & d'indépendance.

Cette concentration de la politique, de la religion, des belles-lettres, des beaux-arts tue l'inspiration individuelle & produit une seule idée en toutes choses, parce qu'elle eft l'inspiration d'une seule volonté, ce qui amène forcément la décadence & l'appauvrissement des esprits.

La bonté de Henri IV avait désarmé la noblesse, qui était encore comme une féodalité. La tyrannie de Richelieu réveille son indépendance & la pousse à la révolte; il la décime. Elle essaye de ressaisir son influence & d'empêcher le despotisme royal de s'accroître sous Mazarin, & ce cardinal remplace l'échafaud de Richelieu par la corruption & l'intrigue, & ne réussit pas mieux que son collègue à supprimer tout esprit de liberté.

Louis XIV fut bien plus habile que ses prédécesseurs, il fit tourner toutes les têtes autour de son soleil, dont les rayons leur

étaient indispensables pour vivre & briller,
toute la France étant dans l'ombre là où le
roi n'était pas.

Les gentilshommes quittèrent leurs châteaux & n'en bâtirent plus comme autrefois, ruinèrent les campagnes pour subvenir à leurs prodigalités. On ne pouvait
plus avoir une certaine renommée qu'à
Paris ou plutôt à Versailles, à la cour.
Tout le sang du corps français reflua des
extrémités vers la tête & finit par l'é-
touffer.

Nous nous ressentons encore de ce système renouvelé de l'empire romain, & nous
n'avons pas voulu profiter des leçons de
l'expérience, qui nous avait montré que
l'art, devenu officiel sous l'empire romain,
avait commencé à décliner, à partir d'Au-
guste jusqu'à Conftantin. Autrefois, les
provinces de la France avaient leur art
particulier & leurs artiftes; les gouver-
neurs les encourageaient pour rivaliser
entre eux : sous Louis XIV, ils ne songent
qu'à Versailles, & la province, délaissée,

appauvrie, exploitée, perd son exiftence artiftique & son originalité.

Nous n'avons pas encore divorcé avec ce ftyle soi-disant romain, ennuyeux & monotone, qu'on emploie à tout propos. Et bien des gens admirent la colonnade du Louvre appliquée à ce monument, sans en connaître la deftination ni l'utilité, si ce n'eft de parader majeftueusement & d'une manière académique. Tout le monde voulut se grandir à l'image du roi, qui probablement se trouvait trop petit au physique, & grâce aux talons & aux perruques, tous les Français furent sur le même modèle que Louis XIV.

Ce sont les arts qui perdent le plus dans l'absorption de toute originalité. L'architeclure & tous les arts au quatorzième siècle et au quinzième siècle avaient pu se développer librement; les grands esprits & les masses se trouvaient réunis dans le même élan, les mêmes efforts. L'artifte a besoin de se retremper dans la naïveté, la virginité d'impression, l'originalité du

peuple, de conserver son indépendance &
de subir avec son esprit les influences du
génie de sa nation.

Les artiftes parqués en corporation, que
le chef Lebrun gouvernait sous Louis XIV,
traités avec hauteur par la noblesse, per-
daient peu à peu leur indépendance de
caractère & se pliaient au métier de courtisans.

Charles Quint, malgré toute sa puissance, n'en était pas tellement aveuglé,
puisqu'il disait : « On ne manque pas de
seigneurs & de princes, mais il n'y a qu'un
seul Titien. » Charles Quint était digne de
comprendre qu'un homme de génie eft
l'égal d'un souverain même de génie.

Jules II, malgré sa fougue, ses empor-
tements, comprenait mieux que Louis XIV
le genre de respect, d'hommages qu'on
doit aux grands artiftes.

Lorsque le pape eut des discussions ter-
ribles avec Michel-Ange, un évêque voulut
excuser le fier Buonarotti avec des paroles
méprisantes. Jules II déchargea sa colère

à coups de bâton sur le malheureux intermédiaire, qui, malgré sa dignité d'évêque,
fut chassé par ses valets. Il sentait qu'il
pouvait en nommer un autre, mais qu'il
n'était pas assez puissant pour créer un
autre Michel-Ange. Jules II était despote
avec Michel-Ange, parce qu'il voulait le
faire travailler rapidement; qu'il était im-
patient de jouir de ses chefs-d'œuvre, qu'il
avait l'ambition d'attacher ce grand nom à
son règne; mais il n'aurait jamais eu la
pensée comme Louis XIV de changer du
bout de sa canne une pose de sibylle ou
de prophète, une corniche ou tout autre
détail d'architecture.

Au seizième siècle, l'artifte était eftimé à
sa valeur. Florence mit en queftion de faire
la guerre à Jules II pour défendre Michel-
Ange. Raphaël était au moment d'être
nommé cardinal. Le Titien assiftait à des
cérémonies à côté de Charles Quint. Les
protecteurs des artiftes appréciaient leur
importance; ils comprenaient leur grandeur, & ils semblaient calculer leurs actes

pour poser en Mécènes dans la poſtérité.
Seulement ils ne leur laissaient pas la liberté individuelle, c'eſt-à-dire celle qui con-
siſte à peindre où bon vous semble & pour
celui qui vous convient. Ils les enchaî-
naient avec des respeĉts & des honneurs.

Sous Louis XIV, les hommes illuſtres
dans les lettres, les arts étaient comme des
artisans, & comme étant d'une autre nature que les gentilshommes. Louis XIV
sentant qu'il fallait les défendre & les relever, ne trouvait rien de mieux que d'en
faire des valets de chambre. Il eſt vrai que
les ducs & pairs étaient trop honorés d'une
pareille domeſticité, & qu'ils en occupaient
les plus hauts grades. La gloire, l'honneur
consiſtaient à être également avili devant
une seule idole. C'était un syſtème monarchique orgueilleusement conſtitué au profit d'un seul aſtre & de quelques satellites.
Louis XIV a été le pape de la royauté.

Et s'il a eu besoin d'enseigner à sa cour
de respeĉter certains hommes de génie,
c'eſt qu'il l'avait habituée à penser comme

lui qui ne donnait ses faveurs qu'aux hommes capables de renier leur talent en abdiquant leur indépendance complète, & qui leur donnait l'exemple de croire qu'en naissant on savait tout lorsqu'on était gentilhomme.

Si Michel-Ange eût vécu sous Louis XIV, il serait reflé à l'écart, pauvre, fier, mais conservant son indépendance & sa dignité d'artifte comme Puget, plutôt que d'acheter la faveur, la gloire & la fortune de son vivant, comme les Girardon, les Desjardins, dont le mérite était médiocre.

Et pourtant Puget était un grand sculpteur, qui avait su garder son originalité en étudiant l'antique, le moyen âge, & Michel-Ange, c'eft-à-dire toutes les traditions, & en s'inspirant de la nature. C'eft qu'il n'était pas entré à l'Académie, monter ce régiment dont Lebrun était le colonel.

Il ne pouvait plaire par la mâle énergie & la force dont ses œuvres sont empreintes. Son talent sut résifter à la décadence, au goût du ftyle maniéré ; mais

il n'était pas assez puissant pour l'empêcher de s'épanouir, de régner sans partage
à la fin du règne de Louis XIV & sous
Louis XV, époque du favoritisme en tout
genre, ce qu'il y a de plus fatal & de plus
désaftreux, même pour les beaux-arts.

Grâce au syftème d'unité à outrance exé-
cutée sous Louis XIV, la royauté, la noblesse, les artiftes, à leur exemple séparés
du refte du pays, vivent en dehors des traditions, des enseignements de l'hiftoire.

La passion de l'unité religieuse fait déca-
piter la France pour enrichir les pays voi-
sins, & pervertit le sens moral des grands
esprits comme Bossuet & madame de Sévigné qui applaudissent cette exécution.
L'unité politique, poussée au despotisme le
plus absolu, détruit toute indépendance de
caractère, toute libre expansion de l'esprit,
toute espèce de génie original, empêche
des génies inconscients, inconnus, de se ré-
véler à eux-mêmes & aux autres. L'art
devient une formule dans laquelle on se
pétrifie, on se complaît dans une majes-

tueuse sérénité, un orgueil satisfait. On
arriva à n'être plus capable que d'admirer
un seul ftyle, celui de son souverain, & de
mépriser tous les autres, parce qu'on n'é-
tait plus assez inftruit & trop aveuglé par
les rayons du soleil pour les apprécier.
Ainsi Bossuet, qui ne comprenait ni le
sens, ni l'esprit de notre sublime architecture religieuse nationale.

C'eft au despotisme de Louis XIV qu'il
faut s'en prendre si Paris n'a été orné sous
son règne & celui de Louis XV que d'édifices classiques, convenables, compassés &
monotones : les portes Saint-Denis, Saint-
Martin, le Panthéon, le plus beau gâteau
de Savoie qu'on ait jamais fait en pierre,
selon Victor Hugo ; & Saint-Sulpice, deux
grosses clarinettes, etc.

Le principe de Louis XIV, « l'État c'eft
moi, » devait produire l'uniformité dans
toutes les branches de l'esprit humain ;
c'était le meilleur moyen de tomber dans
la décadence. L'architecture y était donc
arrivée. Pour en sortir, il faut laisser les

artiftes libres dans leurs aspirations & leur
faciliter les moyens, les occasions de les
produire. L'art de l'avenir doit être plus
beau que celui du passé, c'eft la loi du
progrès.

Les jésuites, qui règnent en souverains
dans l'Église romaine depuis la reftaura-
tion catholique qui date du concile de
Trente, ont imposé à l'architecture leurs
goûts & leurs principes. Ils ont voulu
plaire, éblouir, attirer, charmer, amuser
les yeux. Ils ont contribué, eux aussi, dans
un autre genre à augmenter la gravité de
la décadence.

Si l'on entre à Venise dans l'église de
Santa-Maria assunta dei Jesuati, au lieu
de piliers sévères & mélancoliques rejoi-
gnant les voûtes dans leur nudité éloquente
& majeftueuse, au lieu de la couleur brune
& vénérable de la pierre, au lieu de la
blancheur immaculée du marbre, d'une
noble simplicité, ou des mosaïques représentant les principaux faits de la Bible, ce
sont des imitations en marbre de couleur

des étoffes qui servent dans nos appartements, des tapis, des rideaux à fleurs blancs
& verts : c'eſt à se croire dans une chambre
meublée par le tapissier voisin.

Il en eſt de même aux jésuites du Ro-
saire & aux Scalzi, où les ornements du ro-
coco le plus extravagant pourraient servir
à orner des boudoirs du genre de ceux de
madame de Pompadour. On comprend
qu'on s'inspire de ce genre pour des appartements de simples mortels ; mais le choisir, l'exagérer pour orner le lieu saint,
c'eſt inexcusable, & au point de vue de
l'art, c'eſt impardonnable.

A Rome, dans Saint-Pierre même, s'é-
tale le mauvais goût de ce sculpteur du
dix-septième siècle tant prôné, & qui fit un
voyage triomphal en France, appelé par
Louis XIV pour terminer le Louvre.

Ce cavaliere Bernini, favori de Paul V,
de Grégoire XV, d'Urbain VIII, surnommé
le second Michel-Ange, a conſtruit la plus
grande partie des mausolées du Campo
Santo des papes. Ils sont plus bizarres les

uns que les autres. Tantôt on voit des vi-
ragos flamandes pressant leurs robuftes ma-
melles pour verser sur un pape le lait de la
juftice & de la vérité. Tantôt une femme
toute nue représentant la juftice d'une manière si voluptueuse que l'admiration pas-
sionnée qu'elle inspirait a donné l'idée de
la revêtir de bronze. Plus loin un grand
squelette de cuivre doré s'élance pour soutenir une draperie de marbre jaune. Enfin
une foule de ftatues gefticulant d'une si
terrible façon qu'elles ressemblent de loin,
avec leurs bras & leurs jambes contour-
nés, à des petits *Laocoons* ayant déserté le
fameux groupe.

Saint-Jean de Latran, Sainte-Marie Ma-
jeure sont encore le produit de cette influence d'une partie de l'Église qui remplace l'art sévère du moyen âge, plein de
spiritualisme chrétien, par l'étalage de la
dorure & des marbres les plus éclatants,
diftribués avec une profusion qui prouve
sa puissance, sa richesse, mais non son
goût. Ce syftème accuse chez elle un grand

génie de pénétration, puisqu'elle a compris
qu'avec des moyens matérialiftes elle allait
reconquérir la moitié de la catholicité
presque perdue. Ce n'eft pas faire l'éloge ni
de l'une ni de l'autre, mais cela explique
sa décadence, puisqu'elle eft l'ouvrage des
maîtres qu'elle s'eft donnés.

M. Galoppe d'Onquaire juge ainsi l'influence du clergé dans les arts : « Les van-
dales marchent sourdement, envahissent
pied à pied le terrain de vos conquêtes ar-
tiftiques, & la barbarie mine la civilisation.
Les iconoclaftes du huitième siècle, bien
qu'ils ne soient plus approuvés par un
concile, n'en continuent pas moins l'œuvre
de leur incroyable dévaftation, & le catholicisme a ses Vaudois, ses Hussites & ses
Albigeois comme la réforme. Rien de dé-
plorable comme le spétacle des décadences
quotidiennes qui viennent incessamment
dénaturer les plus précieux trésors de la
peinture, de la sculpture & de l'architecture sacrées. La plupart de nos églises,
celles qui devraient être l'arche conserva-

trice, sont devenues le réceptacle des plus indignes parodies de l'art; les traditions y sont anéanties, les lois hagiographiques méprisées, le respect du passé foulé aux pieds, & il semble qu'on ait pris à tâche de transformer le vieux legs des aïeux en modernes caricatures. Aussi, que de richesses dispersées, que d'or changé en plomb! »

XIV

Examinons maintenant les diverses phases par lesquelles eſt passée notre école française. Elle se ressent de la mobilité de notre caractère national, elle a suivi la mode de chaque époque, sauf de très-rares exceptions.

Il y avait un art en France, non-seulement une architecture gothique, mais une école de peinture pour orner les murs des églises, les vitraux, les tapisseries, etc. L'ouvrage de M. Émeric David (*Hiſtoire de la peinture au moyen âge*) donne des renseignements très-précis, très-curieux à étudier. *La Danse des Morts*, de la Chaise-Dieu, en Auvergne, fresque du quinzième siècle ; *la Fille de Servius Tullius, le Couronnement de la Vierge*, de Foucquet, les portraits de Clouet, sont une preuve que l'art français pouvait progresser & former une école nationale pleine de caractère & d'individualité.

Elle brillait par la naïveté, la vérité, l'ingénuité, le sentiment dramatique, la clarté, l'invention, enfin la prééminence de l'esprit. Jusqu'à l'époque de Foucquet, Léonard de Vinci & le Pérugin n'exiſtaient pas ; on sent dans Foucquet le même souffle de la renaissance qui inspira Cimabue & Giotto, tout en conservant la tradition du moyen âge. Cette émancipation de l'esprit humain, commencée au quatorzième siècle, s'était répandue dans toute l'Europe, & il eût été heureux que chaque nation eût eu le temps de développer son propre génie sans être envahie, chacune à son tour, par la prépondérance éternelle de l'Italie.

Charles VIII, Louis XII, François Ier furent conquis par la séduisante & volup-

tueuse Italie, plutôt qu'ils ne la conqui-
rent. Ils descendaient le versant des Alpes,
comme les anciens barbares, pour faire
valoir leurs droits dynaftiques; mais, en
somme, François 1er était surtout poussé
par son goût de cette exiftence d'amoureux
paladin, de faftueux, de prodigue cheva-
lier, & ils rapportaient en France leurs
souvenirs de voyage.

François 1er, qui avait le goût des beaux-
arts, qui admirait les œuvres des grands
maîtres italiens, voulait italianiser son
pays. Il n'aurait jamais cru que les arts
inoculés à un peuple de cette manière
tuassent chez ce peuple toute espèce d'ini-
tiative & d'originalité & le fissent dévier
d'une route qu'il aurait suivie avec plus de
gloire si on l'avait laissé libre.

François 1er appela Andrea del Sarto, le
Rosso, le Primatice à sa cour, & il eut
encore une ambition plus grande, celle
de posséder en France le grand Léonard
de Vinci, en lui donnant la possibilité de
se reposer de ses longues vicissitudes

dans un asile tutélaire, entouré de vénération & de respects universels. Léonard de Vinci était malheureusement trop vieux pour faire sentir son influence dans l'esprit de l'école française, & Andréa del Sarto revint bientôt dans son pays d'une manière peu digne de son talent. Mais il n'en fut pas de même du Rosso & du Primatice, qui s'inftallèrent avec une foule d'artiftes à Fontainebleau, & y fondèrent une école qui absorba tous les peintres, ou du moins imprima plus ou moins à chacun la manière italienne.

François Clouet, dit Janet, lutta contre ces influences, & persifta à *pourtraicter* dans son genre exclusivement français, entre les règnes de François Ier à Charles IX, mais il eft le dernier de notre école nationale de la renaissance. Les architeêtes, comme nous l'avons vu, furent plus puissants dans leur résiftance, & créèrent des œuvres bien supérieures à celles des peintres par leur caraêtère tout français.

Le Rosso, le Primatice, Cellini introni-
sèrent en France la manière de Michel-
Ange, mais avec affectation, raideur &
enflure. Ils créèrent des décorations théâ-
trales avec une grande habileté, sans
remonter à l'étude de la nature & de
l'antique, les maîtres de Michel-Ange.
Ce fut un art conventionnel qui tua
la peinture française dans sa source &
l'a rendue tributaire de l'étranger par
l'engourdissement, la mode de l'imitation.

La plupart de nos peintres, dit Quatremère de Quincy, ne furent que de mé-
diocres élèves, des élèves des Carraches.
Et MM. Jeanron & Leclanché avouent
que Jean Cousin imita Michel-Ange, Le
Sueur Raphaël, Valentin Caravage, Simon
Vouet les Vénitiens, & Lebrun les Carrache. Mignard rappelle le Sasso Ferrato
& Carlo Dolci, & Jouvenet le Lanfranco.
Pour parler sans détour, depuis trois siècles nous avons accepté la mode comme
suprême régulatrice de notre art. Son

despotisme a exercé dans notre école d'étranges ravages.

On oublia toutes les traditions nationales, on bannit de la peinture la religion pour laquelle, dans le même moment, on se massacrait; on peignit des Vénus, des Bacchus, des Cupidon, des Jupiter, toute une série de sujets voluptueux & lubriques, tout en songeant à tous les assassinats soi-disant commis par amour du chriftianisme.

Nous avons cru devoir insifter & donner beaucoup de preuves irrécusables sur la dépravation morale de l'Italie & de ses souverains, afin de prouver qu'elle était la cause de la décadence des beaux-arts. Nous avons cité les détails les plus pénibles, les plus déplorables pour la considération que devrait toujours posséder un chef d'Église. Ce n'eft point par animosité, mais par juftice : l'hiftorien ne doit rien cacher de la vérité, & celui qui parle, prenant l'hiftoire en témoignage, doit agir de même avec loyauté, franchise & courage, surtout dans une queſtion religieuse sur laquelle bien des gens sont aveuglés par l'esprit de parti, oublient ce qu'ils veulent oublier, ou bien ignorent & se scandalisent de détails qu'ils regardent comme des inventions du *démon*.

La France, ou plutôt les rois & la cour, car elle n'exiſtait que par eux, n'avait rien à envier à l'Italie au sujet des mœurs. François Ier possédait naturellement de très-grandes dispositions à la luxure; il aurait eu besoin pour se moraliser de faire d'autres pèlerinages que ceux d'Italie, car il y trouvait des exemples d'autant plus dangereux qu'ils venaient de plus haut.

François Ier eſt le premier roi absolu de France; il mettait au bas de toutes lois : *Car tel eſt notre bon plaisir.* Voyons un peu ce que l'*Hiſtoire populaire de France* raconte de ces bons plaisirs de ce roi & de ses successeurs : si ce n'eſt pas édifiant, ce sera inſtructif, & montrera en quoi les sujets, surtout les artiſtes, pouvaient profiter de ces bons exemples & les rendre capables de concevoir des œuvres grandes, nobles, dignes de l'art, qu'un philosophe, Victor Cousin, appelle une sorte de religion : « Dieu se manifeftant à nous par l'idée du Vrai, par l'idée du Bien, par l'idée du Beau. »

« Il ne se passait non plus guère de jours où l'on ne pendît quelque financier, où l'on ne fît *bouillir* un faux monnayeur, sans parler des luthériens, dont François Ier brûlait de temps à autres quelques-uns pour racheter, aux yeux des catholiques & aux siens mêmes, les alliances avec les Turcs & les proteftants du dehors. »

C'eft déjà le syftème usité plus tard par Louis XIV de se faire pardonner ses plaisirs de Sardanapale, en dragonnant quelque mécréant de sujet qui osait se permettre de n'avoir pas la religion de son roi.

« Le roi & la cour se riaient de toutes les lois morales, &, parmi les grands, le vice s'étalait sans crainte comme sans pudeur. Mais pour un juron, un pauvre diable était pendu. »

C'eſt probablement de cette époque que la mode eſt venue en France de deux poids & deux mesures, deux morales, l'une pour le souverain, l'autre pour le peuple. Cette maxime dangereuse a été adoptée par ceux qui se croient plus près du souverain que du peuple, par les grands & quelques hommes de talent, affirmant que les vertus, l'honnêteté, l'auſtérité, une foi conséquente & sérieuse sont l'apanage du bourgeois, de l'homme du peuple, mais incompatibles avec la nature d'un homme de génie, d'un prince ou d'un grand seigneur. Alors, que sont les Bayard, les Coligny, les L'Hôpital, les Pascal, les Corneille, les Poussin, les Michel-Ange, etc.? seraient-ils des bourgeois?

Quoi qu'on en dise, la grandeur de l'esprit eſt inséparable de la grandeur morale.

« Quand on voyait François Ier lever peut-être les yeux jusque sur sa sœur, le fils hériter de la maîtresse de son père, la foi conjugale, toutes les vertus domestiques bafouées, les reines sans crédit, presque sans honneur, à côté des maîtresses éblouissantes de parures & d'autorité, parce que celles-là n'avaient d'autre fonction que d'être mères de dauphins, tandis que les autres devaient assurer les plaisirs du roi (Henri IV continua cette tradition, & Louis XIV consacra ses désordres avec une si publique solennité, qu'un de ses panégyristes a gravement élevé les maîtresses du roi au rang d'officiers de la couronne.), les places, les dignités devenues le prix de ce qui, en d'autres temps, aurait été tenu pour un déshonneur; les frères, les sœurs des favorites qui obtiennent, à ce titre, les commandements, les évêchés, les abbayes : à ce spectacle, que devait penser la foule?

L'Eftoile, le chroniqueur du temps de Henri III, raconte des détails sur la cour de ce roi des mignons qu'il eft inutile de transcrire. On sait en général l'hiftoire de son pays. Il suffit de répéter ces paroles : « *La cour :* les farceurs, bouffons & mignons y avaient tout le crédit... Le luxe

& le débordement y étaient tels, que la plus chaste Lucrèce y fût devenue une Fauſtine.

« Grande leçon de morale ! cette cour licencieuse des Valois devint le théâtre des scènes les plus lugubres ; leur trône chancelle, leur race s'éteint, & une nouvelle maison royale, celle des Bourbons, saisit la couronne. Mais cette maison, à son tour, oublie que la royauté eſt une fonction redoutable à qui la remplit, & non pas la fête perpétuelle du plaisir ; elle s'étiole, se dégrade, & tombe. » — *Hiſtoire populaire de la France.*

XVI

Après la période de décadence qui suivit la mort de Michel-Ange, l'école de Bologne se conftitue sous la direction du Carrache & exerce une influence considérable en Italie & en France depuis le dix-septième siècle jusqu'à nos jours.

Son principe souverain, c'eft l'éclectisme, l'imitation, l'assimilation de toutes les qualités des plus grands maîtres de la renaissance. La proclamation d'un principe semblable prouve qu'il ne peut plus y avoir de progrès, c'eft se condamner à faire plus mal que ses devanciers, en voulant s'approprier leur esprit, ce qui eft impossible sans chercher à faire mieux & d'une autre manière. Profiter des travaux des hommes célèbres dans l'art, c'eft bien, mais il faut remonter aussi aux sources de leur grandeur, c'eft-à-dire consulter la nature, l'antique & ses propres inspirations, sous peine d'abdiquer & de ne plus être soi.

Louis Carrache dit le Bœuf n'avait pas assez d'imagination pour inventer, mais il avait le sentiment du Beau. Il comprit que l'art succomberait si l'on persiftait toujours dans l'imitation outrée de Michel-Ange, & dans ce sens ses efforts sont louables. Il crut réveiller l'art en conseillant d'étudier les œuvres de tous les grands maîtres, au lieu de puiser dans son inspiration personnelle. Il copia la *Sainte Cécile* de Raphaël, les œuvres du Titien, du Corrége, enfin les chefs-d'œuvre de toutes les écoles, & il parvint à un degré d'érudition, de science qui devint la base de son syftème.

Son cousin Auguftin Carrache a formulé les préceptes du maître dans un sonnet dont voici le sens :

« Pour faire un bon peintre, il faut réunir le dessin de Rome au mouvement & au clair-obscur de Venise; le coloris lombard, la terrible énergie de Michel-Ange, la vérité du Titien, le ſtyle du Corrége, l'harmonieuse composition de Raphaël, les ornements de Tibaldi, l'invention du savant Primaticcio, & un peu de grâce du Parmigiano, etc. »

Voilà une bonne recette qui pourra produire par extraordinaire quelques bons peintres, comme les Carrache, les Dominiquin, le Guide, le Guerchin, mais inférieurs aux peintres de chacune des écoles prises séparément. Ce ſyſtème détruit toute espèce d'originalité, & fait prédominer l'imitation, l'éclectisme, sur l'inspiration individuelle.

Les Carrache fondèrent une académie dont l'inſtruction remarquable ne s'eſt jamais reproduite. L'enseignement était basé sur l'organisation de l'artiſte, proportionnée aux besoins de la nature de chaque individu. Louis avait très-bien compris qu'Auguftin & Annibal devaient recevoir chacun une direction différente; c'eft ce qui a fait son succès & le mérite de son école.

Cette inftruction si féconde produisant des très-grands peintres relativement à ceux de la décadence qui avaient succédé à Michel-Ange, Raphaël, etc., fut appréciée à Rome & à Paris. L'académie de Saint-Luc fut créée & l'académie de Paris fut approuvée par Mazarin, sur la proposi-tion de Lebrun.

C'était bien de rendre les peintres indé-pendants des maîtres en bâtiments, mais il ne fallait pas les rendre libres d'un côté pour les asservir de l'autre. En France, toute inftitution devient monarchique, le chef prend le pas du souverain & mène ses subordonnés au pas de charge. L'ensei-gnement ne fut pas proportionné au genre d'aptitude de chaque élève, il fut uniforme & produisit par conséquent l'uniformité, la monotonie, la médiocrité.

« Ce fut dans une société de convention un art de convention, sans originalité, sans profondeur, qui s'élevait peu, s'abaissait peu, toujours décent & digne, mais d'une dignité froide, toujours veillant sur soi comme le sujet en présence du maître, une image, un reflet de la nation & surtout de la cour. Ce n'était pas le génie qui manquait aux artistes, c'était un milieu où ce génie pût se développer librement. » — LAMENNAIS.

La meilleure preuve, c'est que les seuls grands peintres que l'école française ait possédés au dix-septième siècle & pendant la moitié du dix-huitième sont ceux qui ont su se révolter contre l'omnipotence de leur maître Vouet & l'absolutisme académique de leur ancien camarade Lebrun ; ce sont Poussin, Le Sueur & Claude Lorrain. Pour se développer librement, il fallut qu'ils vécussent à Rome sans être Romains, car ils auraient eu encore à secouer l'influence de l'académie de Saint-Luc.

Un professeur comme Lebrun, qui commande en Louis XIV dans des questions d'art pour lesquelles il faut surtout la liberté d'appréciation, eft certain de tuer toute espèce de talent. Il créera des manœuvres, des soldats, ou du moins des peintres pleins de sagesse, d'un ftyle convenable & qui ne fera pas parler d'eux.

L'académie de Laurent le Magnifique, l'académie dirigée à Milan par Léonard de Vinci, celle de San Fernando à Madrid, eurent le même sort que celle de Louis XIV. L'art végète & dépérit lorsqu'on le met en serre chaude & qu'on le prive d'air & de liberté.

Louis XIV avait le désir, il faut le reconnaître, de favoriser les arts, mais une trop grande protection leur eft fatale. D'après la bonne inspiration de Lebrun, il créait une chose utile & pleine de grandeur, l'académie de France à Rome, afin de permettre aux élèves d'étudier les belles œuvres de la renaissance. Mais les peintres imbus des idées imposées par l'enseignement académique français s'en écartaient rarement, & ils revenaient en France pour faire à perpétuité du romain de convention

& traduit en formule sans y mettre leur empreinte originale, leur discernement, leur goût personnel.

« Le maître le plus habile n'en dit pas autant que l'observation personnelle. » — G. Planche.

Lorsque la règle, l'étiquette, règnent en souveraines dans l'art par le despotisme d'une académie, il faut chez l'artiste une grande dose d'indépendance, une foi robuste en lui-même, pour vouloir grandir en liberté, en ne gardant de l'école que l'enseignement & l'étude, & revendiquant pour son propre compte le droit d'observation & de sentiment.

XVII

Poussin possédait cette volonté énergique seule capable de briser tous les obstacles pour parvenir au but & y trouver le triomphe. Il ne se laisse pas abattre par la misère, il n'a pas encore de protecteurs dans un siècle où ils étaient si utiles ; il ne songe qu'à assouvir sa soif de voir, de s'inftruire, en allant même à pied dans la ville dont son imagination eft remplie, & où il eft convaincu de trouver les maîtres qu'il faut à son intelligence, dont les œuvres sont vivantes d'une vie immortelle.

Poussin peut être considéré comme le chef de l'école française & son plus grand peintre. Il s'eft formé hors de l'académie, hors de France, en étudiant l'antique, Raphaël, la nature, & il eſt reſté cependant Français par son esprit & son caractère. Il représente dans la peinture cette forte génération d'hommes qui tiennent plus de l'époque de Louis XIII que du siècle de Louis XIV, Descartes, Corneille, Pascal, etc.

« On a nommé Poussin le peintre des gens d'esprit ; le mot eſt juſte, surtout si l'on veut dire que Poussin échappe à la foule ignorante, qu'il ne peut être compris, admiré que par les intelligences cultivées & même un peu hautes. Mais ce mot eſt bien incomplet. A la connaissance profonde, bien plus, au sentiment exquis de l'antiquité, qu'il semble avoir devinée, Poussin joignit toutes les connaissances acquises jusqu'à son époque. » — VIARDOT.

Poussin a tout étudié, tout approfondi, Vitruve, Palladio, André Vésale, la Bible, Homère, Plutarque & Corneille, Platon & Descartes, la nature entière. Aussi eſt-il un grand penseur, un grand philosophe &

un peintre hors ligne, car malheureusement tous les peintres n'ont pas l'ambition
d'acquérir une inftruction aussi profonde,
indispensable cependant pour arriver aux
dernières limites de l'art, qui se résume
dans le Beau infini.

Poussin était pauvre, malade, & il travaillait sans relâche, protégé par un grand
seigneur romain, le commandeur del
Pozzo, qui devint son ami par les services
qu'il lui rendit & qu'il n'oublia jamais.

« Il le vénérait comme un père, & nous
verrons plus tard que, parvenu au comble
de la gloire & de la réputation, il se fit
toujours un devoir de lui donner sa préférence pour ses œuvres, ne consentant même
pas toujours à en accepter le prix. » —
Dumesnil.

Poussin eut l'âme noble, fière, antique,
sévère, d'une gravité qui fait songer à
Michel-Ange, à Calvin, à Pascal, à ces
hommes fortement trempés qui résiftent &
travaillent sans relâche pour atteindre le
but qu'ils se sont proposé.

Il rêvait l'idéal, non pas une formule, une tradition académique ; son imagination avait besoin de liberté pour exprimer ce que son âme sentait de grand, d'élevé, de parfait.

Ses tableaux religieux sont empreints de la mâle sévérité de la Bible ; il n'eſt pas chrétien spiritualiſte comme le Vinci dans le *Cenacolo*, il eſt biblique comme Michel-Ange dans les fresques de la voûte de la Sixtine, tout en reſtant lui-même toujours Français.

Y a-t-il un tableau plus antique par la composition, la perfeƈtion de la forme, plus vrai & plus saisissant que *le Teſta- ment d'Eudamidas ?* Il exprime ce que l'âme possède de plus poignant & de plus profond ; mais il n'a pas rendu cette résignation chrétienne qui adoucit sans faire disparaître la plus grande douleur.

Et dans ce tableau des *Bergers d'Ar- cadie*, n'y a-t-il pas la grâce qu'on lui a conteſtée, non pas la grâce des peintres myſtiques, ni la grâce païenne d'Épicure ou

de l'Ariofte, ni celle des peintres sensualiftes du seizième siècle, mais cette grâce
que possède le chef-d'œuvre de l'art grec,
la Vénus de Milo purifiée par l'âme d'une
chrétienne?

Avec le Poussin, nous sommes certains
que notre esprit, notre raison ne seront pas
choqués par des anachronismes de costume, des détails trop réaliftes & d'une
trivialité espagnole dans des tableaux religieux. Tout concourt à satisfaire la pensée
du spectateur, & l'on comprend que le
créateur de ces œuvres ne peint pas pour
peindre, mais pour représenter ce qu'il a
cru, ce qu'il a pensé. Le Pozzo lui propose
des sujets de tableaux : Poussin les exa-
mine & les accepte s'ils lui conviennent,
s'ils répondent à ses convictions, à ses pensées, à son esprit; ce n'eft plus Raphaël
acceptant du Caftiglione toutes les fantai-
sies mythologiques les plus légères, heureux de peindre du nu, heureux de trouver
une veine productive de plus à exploiter.

Le Poussin ne fait pas le prix de ses

tableaux ; il eſt modeſte dans ses goûts, dans sa vie ; c’eſt un sage, un philosophe, & lorsqu’il se promène le soir, sur les hauteurs du Pincio, qu’il contemple la ville éternelle & ses collines à ses pieds, il admire, mais il rêve ; il pense à l’infini, il médite, il se recueille.

La belle figure du Poussin, si sévère de lignes, si auſtère, révèle tout son génie ; ses œuvres disparaîtraient qu’on pourrait se rendre compte de leur esprit, de leur pensée.

Le cardinal de Richelieu voulait orner son miniſtère d’une renommée aussi éclatante : il attire avec beaucoup de difficultés le grand peintre à Paris & le traite royalement. Louis XIII lui donne une maison & un jardin dans celui des Tuileries ; mais il eut beaucoup d’envieux qui le troublèrent dans son repos, & il revint à Rome malgré les inſtances de son second ami & protecteur, M. de Chantelon. Il y mourut entouré d’une grande considération, due à son talent & à sa valeur morale.

Ce qui prouve le sérieux de l'esprit, et la pensée religieuse du Poussin, c'eft la manière dont il interprète les sujets qu'on lui donne. Le duc de Richelieu lui demande les quatre saisons ; qu'aurait fait un peintre colorifte ou un peintre épicurien ? Il aurait prodigué les formes, les poses les plus voluptueuses, les plus attrayantes. Le Poussin emprunte à l'Hiftoire sainte ses quatre sujets de saisons. Le paradis terreftre représente *le Printemps ;* Booz & la fille de Noémi, *l'Été ;* la terre promise, *l'Automne ;* le déluge, *l'Hiver.*

Dans les sujets mythologiques, le Poussin eft toujours gracieux, simple & n'éveille aucune impression sensuelle ; il purifie tout ; il lui donne un sentiment religieux.

On pourrait peut-être expliquer le caractère de Poussin, qui était éminemment sérieux, grave, réfléchi, chrétien, mais philosophe, sans aucune espèce de fanatisme, ni huguenot, ni catholique, par l'esprit de la famille dans laquelle il a passé ses premières années, & dont l'influence a persiflé dans tout le cours de sa vie.

Poussin était fils d'un vieux gentilhomme picard que les guerres de religion avaient ruiné; il était né le jour de l'entrée de Henri IV à Paris. Il a dû entendre des conversations bien inflructives dans cette maison paternelle où le chef pouvait prémunir son fils contre les entraînements passionnés qui l'avaient perdu, dont il était désillusionné, & qui lui paraissaient ne devoir plus être la vraie piété.

L'esprit de la réforme avait dû éveiller des doutes dans sa conscience, ou du moins il avait senti comme Michel L'Hospital & Henri IV la nécessité de la tolérance religieuse & de la liberté de conscience.

Sans elles, les arts & les lettres ne peuvent vivre avec éclat.

Poussin eft le créateur du paysage historique, dont on voit la première idée dans le Titien & le Dominiquin, mais qu'il a agrandi & auquel il a donné cette tournure mâle, fière, héroïque, qui eft le caractère propre de son génie. Il représente la nature d'une manière idéale par son aspect, grandiose, réelle, vivante par les détails, qui ont été tous étudiés & pris dans la nature.

Lorsqu'il se promène dans la campagne de Rome, son imagination la peuple de personnages historiques, les pierres lui parlent de la grandeur du peuple romain & son esprit vit toujours parmi le peuple grec & le peuple juif.

Les imitateurs de ce genre de paysage en ont fait le paysage académique; ils ont souvent composé d'imagination, voulant faire du style poussinesque & supprimant leur propre sentiment, ce qui a créé un genre faux, qui doit disparaître, parce qu'il manque de vérité & d'originalité.

Mieux vaut être un naturaliste prosaïque, comme un Hollandais, que de voir par les yeux des autres, & créer des sujets inanimés & imaginaires.

Claude Lorrain doit beaucoup au Poussin ; mais il a interprété le paysage comme personne ne l'avait compris ; il a idéalisé la nature comme Raphaël, tout en lui laissant la vraisemblance. Ses paysages expriment cette poésie naïve qui venait de son caractère simple & impressionnable; ses rayons de soleil éblouissent ou font rêver; c'eſt une fenêtre ouverte sur des espaces infinis où l'imagination peut errer sans se lasser jamais & se perdre dans une contemplation pleine de charme.

Il a mérité comme Raphaël la flatterie outrée que Shakspeare, dans *Timon d'Athènes*, fait adresser ironiquement au peintre par le poëte : « Votre tableau eſt une leçon donnée à la nature. »

Claude Lorrain, grâce à son inspiration, a montré la nature dans ses aspects les plus sublimes; il lui a donné une âme; elle nous séduit, nous émeut, parce qu'elle nous parle avec éloquence de sa beauté, dont elle ne se douterait pas si le peintre ne la lui avait pas racontée.

Le Sueur, se trouvant à Paris sans pouvoir étudier les grands maîtres d'Italie ni les belles œuvres antiques, trouva un protecteur généreux dans le Poussin, qui eut la grandeur d'âme de vouloir venir en aide à son jeune protégé. Heureusement pour les progrès de l'art, Lebrun repoussa Le Sueur de la cour, & le malheureux peintre se réfugia dans un cloître de chartreux, où il raconte avec une foi naïve, touchante, pleine de cœur & de tendresse, la vie de saint Bruno.

Ce n'eſt plus l'élève de Raphaël, de l'antique, c'eſt mieux que cela, c'eſt un homme inspiré par la foi chrétienne, un Fra Angelico, un Fra Bartolomeo, mais un homme du dix-septième siècle, émancipé de la servitude du moyen âge, exprimant en liberté des sentiments personnels, pleins d'originalité, créant sans y songer un ſtyle nouveau d'expression religieuse, sans bigoterie, sans fanatisme, sans ennui.

Dans la *Vie de saint Bruno*, c'eſt une âme qui se révèle en peinture, montrant ainsi à la France, presque toujours fanatique & sceptique, que les convictions religieuses, spiritualiſtes, peuvent exiſter chez ses enfants, sous une forme des plus pures & des plus rapprochées de l'infini.

Mais que sont ces trois grands peintres pour la cour du grand roi, qui admire les pompeuses décorations de Lebrun? Ils passent inaperçus, ils ne sont pas de mode, ils n'ont pas le ton de l'époque.

Ils sont trop graves, trop auftères, trop ennuyeux.

Les Français, ou plutôt Louis XIV, séduit par le jésuitisme, l'ont déjà exprimé à propos des grands hommes de Port-Royal, ces calviniftes du catholicisme, ces Poussin, ces Le Sueur de la religion, & le jésuitisme a été vainqueur. « Et les corps des solitaires inoffensifs furent déterrés, & on vit des chiens s'en disputer les débris. »

Et quel était ce grand roi qui condamnait les grands hommes pieux & auftères de Port-Royal? On n'a qu'à lire Saint-Simon pour le connaître pris sur le vif, & le portrait eft saisissant.

Louis XIV n'avait pas de règle dans sa conduite; mais, dans ses exercices religieux, il était comme un militaire, & la cour marchait du même pas.

La foi ne se commande pas. « Aussi la régence, commencée avant le temps dans le gouvernement, l'était aussi dans les mœurs. La société du dix-septième siècle n'était belle qu'à la surface. A ces fêtes splendides de Versailles, je vois bien briller, au milieu de toutes les merveilles des arts, l'esprit, l'élégance, les grandes manières ; mais les trop nombreuses erreurs du prince sont à peine couvertes d'un voile transparent. Les premiers personnages de l'État, de graves magistrats, des prélats illustres n'osaient pas même protester par leur silence & leur retraite contre le scandale de liaisons doublement adultères.

« Les leçons de scandale qui tombaient du trône ne furent pas perdues, & les efforts de Louis XIV pour les réparer par une régularité trop affectée dans ses dernières années ne firent qu'aggraver le mal en l'obligeant à se dissimuler sous l'hypocrisie.

« La jeunesse meurt d'ennui, » disait madame de Maintenon. Sans doute elle meurt d'ennui à Versailles, & sous son regard, la cour « sue l'hypocrisie »; mais hors de l'œil du maître les vraies mœurs se montrent. La rigidité officielle rend les débauches plus secrètes, l'air dévot pare l'impiété, & les passions fermentent, excitées par la contrainte ; tout à l'heure elles vont éclater en une immense orgie sous la véritable régence. »

Louis XIV & Lebrun, par leur goût faux de l'antique, avaient amené peu à peu, avec les Mars, les Bellone, les Jupiter, les Minerve, enfin la partie sage & relativement honnête de l'Olympe, la troupe folâtre & amoureuse des Vénus, Cupidon & des Grâces, une seconde renaissance païenne & mythologique, mais sans les grands hommes qui avaient illustré la première ; c'était une imitation de tout ce que le seizième siècle avait eu de païen & d'immoral, sans rien de ce qui avait fait sa grandeur & pouvait jusqu'à un certain point le faire pardonner.

Pour une société usée par le despotisme, raffinée, toujours en fêtes, il faut une peinture plus élégante, plus facile, plus gracieuse, plus indulgente, plus douce-reuse.

« L'élément spirituel s'affaiblit dans les croyances, dans les mœurs, & l'art décline infailliblement, &, dans son déclin, parcourt les mêmes phases de dépérissement que la vie sociale. » — Lamennais.

La littérature de madame Deshoulières & de M. de Florian remplace Corneille, l'Ariofte le Dante, & va donner à son tour le ton à la peinture, l'inspiration aux artiftes.

Watteau eft le seul peintre de cette époque qui ait eu un véritable talent, mais son influence sur l'école produisit des effets désaftreux : la décadence fut complète. Lancret, Boucher ne peignirent que des paftorales, où les bergers & bergères en robe de soie, à paniers, les moutons enru-

banés de rose tendre, roucoulaient éternellement sur l'herbe fleurie, au son des
chalumeaux. Heureux quand les sujets
n'exprimaient qu'une tendresse naïve &
champêtre, mais l'occasion, l'herbe tendre
firent faire beaucoup de chutes, & les
peintres se plurent à exprimer des détails .
scabreux & libertins, toujours avec une
suprême élégance & non pas avec la fougue
païenne de J. Romain.

C'étaient les mêmes mœurs, mais non
les mêmes expressions. Au lieu de la force
brutale de la nature exubérante, c'était
l'ardeur raisonnée & froide d'une nature
dont le sens moral était complétement per-
verti. La fibre émoussée était insatiable de
jouissances.

La société française se trouva lancée
dans ce tourbillon de délices, en compagnie & sous la tutelle de toutes les divinités mythologiques, descendant follement
cette pente entraînante & périlleuse qui
conduisait à l'abîme.

CONCLUSION

On peut donc conclure que l'art moderne a pris naissance dans l'école byzantine, & que son principe était l'idée chrétienne. La renaissance n'a pas voulu
admettre que la représentation picturale
de la foi chrétienne fût immuable; elle a
inauguré l'ère de la liberté individuelle,
proclamant que chaque chrétien a le droit
d'exprimer ce que son âme renferme de
pensées religieuses élevées qui la détachent
de la terre pour la transporter vers les régions supérieures, où elle se sent attirée
par l'essence de sa nature immatérielle &
ses destinées futures.

L'idéal de la renaissance, dans sa première période, eft donc la beauté morale à laquelle eft subordonnée la beauté physique, ce qui eft l'inverse chez les Grecs.

Du quinzième au seizième siècle, il se manifefte un retour marqué vers l'étude de l'antique. L'école de Florence, par ses plus illuftres représentants, imprime à la marche de l'art une impulsion supérieure réunissant la pureté du dessin, la noblesse, la grâce de la composition, l'idéal de la forme antique, avec l'élévation de pensées, l'expression de la figure humaine transfigurée par la foi chrétienne & spiritualifte.

Léonard de Vinci, dans le *Cenacolo;* Fra Bartolomeo, dans le *Saint Marc;* Michel-Ange, dans les *Prophètes,* prouvent l'influence des convictions religieuses individuelles sur le génie de l'homme. Si ces peintres n'avaient pas cru aux vérités des livres saints, ils n'auraient pas donné à ces figures d'hommes cette grandeur morale, cette majefté puissante qui eft le caractère propre des êtres que Dieu a doués d'un suprême degré de sainteté & de perfection.

Michel-Ange, dans son *Jugement dernier* & le *Penseroso*, affirme la nécessité de convictions morales profondes, seules capables de donner aux créations du peintre cette vie, cette puissance qui prouvent la liberté, l'énergie d'une âme humaine.

Raphaël peut être rangé sur la même ligne que Michel-Ange, Léonard de Vinci, Bartolomeo, lorsqu'il suit les mouvements de son cœur & l'inspiration de ses croyances juvéniles. Il ne cherche pas encore une forme de ſtyle; il raconte, il exprime ce qu'il sent dans sa nature angélique & suave. Ses premières œuvres portent l'empreinte de son âme, &, comme sentiment, elles sont supérieures à celles qui sont le résultat de ses études, de ses assimilations successives de plusieurs ſtyles. Lorsque son esprit domine son âme, la science absorbe la foi; il produit de grandes œuvres dans lesquelles la pensée religieuse eſt subordonnée à l'admiration de l'antique.

Raphaël résume en lui cette lutte qui recommence entre les deux courants d'idées, l'idée païenne & l'idée chrétienne, qui vont se disputer le monde & dont la dernière sera vaincue pour longtemps.

La société, séduite par toutes les magnificences de la littérature, de l'architecture, de la sculpture antique, se laisse enivrer au point de perdre le sentiment moral, source de toute grandeur.

Savonarole proclame en vain la nécessité d'une réforme dans les mœurs & dans la religion, qui doit faire revivre, d'après lui, le progrès dans les beaux-arts ; il combat pour arrêter ce débordement qui menace d'envahir le monde & de le ramener à la décadence de l'empire romain.

Il succombe sous la puissance de la papauté qui, malheureusement à cette époque, avait un représentant indigne de cette inftitution. Le siècle marche à grands pas vers la dissolution ; Jules II, Léon X, plus rois que pontifes, plus préoccupés de l'art que du chriftianisme, ressuscitent la glo-

rieuse époque de Périclès. L'antiquité renaît de ses cendres, Raphaël & Léon X
en sont les apôtres les plus enthousiaftes
& les plus fervents. L'idée chrétienne eft
subordonnée à l'idée païenne. L'inspiration religieuse & spiritualifte a ses derniers
représentants dans Léonard de Vinci &
Michel-Ange.

Les papes & les Médicis, par leur pro-
teétion splendide accordée aux beaux-arts,
les font parvenir à leur apogée; mais les
principes moraux étant oubliés, l'élément
spirituel ayant disparu dans les croyances
& dans les mœurs, le développement de
l'art s'arrête subitement, & il se manifefte
une décadence d'une rapidité si effrayante,
qu'elle paraît inconcevable pour beaucoup
d'esprits qui ne veulent en trouver les rai-
sons que dans des changements particu-
liers & de peu d'importance.

Luther, le principal organe de la réforme, veut ramener le chriftianisme à ses
origines, au temps des apôtres, avant l'organisation monarchique de l'Église, qui

s'eſt préparée puissamment sous Conſtantin ; il eſt écouté, suivi avec enthousiasme.

L'Église romaine & les représentants du vieil absolutisme universel des empereurs romains se liguent pour défendre leur autorité séculaire, &, au nom du Dieu de paix & de tolérance, ils ravagent le monde pour imposer par le fer & le feu l'unité de pensée, chose qui eſt impossible & anti-humaine & qui produisit la négation, l'absence de pensée.

Le sentiment religieux vraiment chrétien des premières œuvres de la renaissance inspire du respeĉt parce qu'il parle de la foi de celui qui les a conçues & qui répond aux croyances de tout un peuple. Plus tard, ce n'eſt plus le cœur qui a guidé le peintre, c'eſt l'Église, une inſtitution riche, puissante, dont on glorifie les traditions officielles, dont on pare le culte. Un peintre peut faire des chefs-d'œuvre avec des sujets chrétiens & avoir des mœurs païennes, mais alors elles se comprennent sur la toile, & bientôt, avec un peintre de second

& de troisième ordre, le matérialisme eft plus évident & produit à la fois la décadence dans les arts & dans la religion. Les esprits exaltés de la réforme ne virent dans ces produ&ions de l'art qu'une manifeftation de l'idée païenne ennemie de l'idée chrétienne, & ils devinrent iconoclaftes.

Les catholiques du huitième siècle étaient allés plus loin dans ces idées dévaftatrices ; ils les avaient approuvées en concile, tandis que les chefs de la réforme firent tous leurs efforts pour ramener les esprits dans une voie plus calme & plus intelligente.

Lorsque à toutes les époques de l'histoire les peuples reviennent à la foi chrétienne, ils ont des fureurs de deftru&ion qui s'emparent d'eux en face des œuvres d'une religion qu'ils savent avoir été funefte à l'humanité & dont ils craignent de voir se reproduire les trifles résultats. Ils s'en prennent aux choses matérielles, fragiles & qu'ils auraient dû respe&er comme des matériaux servant à l'hiftoire des pro-

grès de l'esprit humain, au lieu de s'atta
quer à cet esprit qui dévie de la route tracée par le Chriſt & revient si souvent à ce
paganisme qui n'eſt que l'adoration de
l'homme, de la créature, au lieu du Créateur.

Les premiers chrétiens, ainsi que les catholiques, les disciples de Savonarole, les
Vaudois, les Hussites, les Albigeois, les
réformés du seizième siècle ont brisé bien
des ſtatues, des peintures antiques. La
cause la plus réelle de ces dévaſtations,
c'eſt la négation de la liberté de conscience,
c'eſt l'impossibilité que les peuples ont eue
de tout temps de se développer, au point
de vue moral & religieux, sans avoir la
préoccupation conſtante & forcée de se défendre pour conserver la vie & l'indépendance, ce qui les entraîne à des actes dé-
vaſtateurs qui méritent toute notre réprobation, mais dont ils ne sont pas tout à fait
responsables.

Aussi, le réveil de l'art au dix-septième
siècle n'a lieu que dans les pays nouvelle-

ment rappelés à la lumière, à la vie, à la liberté; leurs inspirations naïves, populaires, spontanées & sans études préparatoires les disposent à l'adoration de la nature, à la glorification du Dieu des opprimés, des pauvres, des malheureux; ils sont à la période primitive. Ces Hollandais, ces *gueux*, & leurs peintres, même le plus illuftre, Rembrandt, malgré tout son génie naturel, se ressentent du milieu populaire dans lequel ils ont vécu, & manquent de cette élévation de pensée qu'ils auraient pu acquérir avec une inftruction perfectionnée & dans une société plus avancée.

A qui la faute, si ce n'eft à l'Inquisition, à la *société*, ces deux fléaux de la vérité, disait Pascal, & à Philippe II, qui se sont opposés dans tous les pays au mouvement d'émancipation des esprits, indispensable pour leur permettre de se développer d'une manière chrétienne & spiritualifte; à Louis XIV, qui, continuant l'horrible politique de Philippe II, si funefte à la France, ruine aussi les Hollandais dans une lutte

formidable où se jouaient leur liberté religieuse & leur indépendance nationale ?

Pendant ces guerres impies, tout travail
intellectuel eft suspendu, & lorsque le
peuple, qui eft refté peuple par son éducation, vient à peindre naïvement sur la toile
les impressions de la nature, de la religion,
on proclamera : Voilà l'art qu'a produit la
réforme, l'esprit libre chrétien ; il eft natu-
ralifte & sans idéal, & l'on croit avoir tout
prouvé, parce qu'on n'a rien approfondi.

« Celui qui veut faire quelque chose de
grand, a dit Gœthe, doit avoir amené son
développement intérieur à un point tel que,
comme les Grecs, il soit en état d'élever la
réalité étroite de la nature à la hauteur de
son esprit, afin d'être capable de faire une
réalité de ce qui dans la nature, par suite
d'une faiblesse intime ou de quelque obs-
tacle extérieur, eft refté à l'état d'intention. »

Une inftruction supérieure comme celle
que possédaient Léonard de Vinci, Michel-
Ange, eft indispensable pour exprimer

dans une forme pure, simple, antique, la beauté de la nature humaine, en lui donnant le caractère, le sentiment idéalisé que l'âme de chaque homme possède comme émanant de la perfection divine.

L'Italie se meurt, l'Italie eſt morte sous la main de l'inquisition, & elle a inoculé à la France, son admiratrice, tous ses vices élégants & sensuels, sa dépravation morale. Sous François Ier, le vice s'étale en plein soleil; sous ses successeurs, c'eſt un mélange d'orgie & de sang, de superſtition, d'impiété, sur lequel par dégoût nous ne nous arrêterons pas.

Mais, sous Louis XIV, il prend un air convenable, rangé, dévot; c'eſt presque une inſtitution qui gouverne le pays & se fait absoudre par son zèle, en devenant l'auxiliaire, le défenseur armé du despotisme religieux.

A cette époque, on croyait conquérir la gloire dans le ciel en empêchant par des moyens irréſiſtibles certains mauvais esprits de penser, de prier, à Port-Royal ou dans les Cévennes, d'une autre manière que le grand roi !...

Les artiftes, courbés à leur tour sous le despotisme royal, subissent la mode & les goûts de chaque souverain, sauf quelques grands hommes fort rares qui brillent par leur indépendance de pensée. L'idée chrétienne eft vaincue par l'idée païenne, & les pompes antiques se déploient dans les cours, servant seules d'aliments aux travaux des artiftes. L'art devient une dépendance de l'adminiftration ; le peintre, des fonctions sacerdotales, spiritualiftes, qu'il remplissait au moyen âge & au quinzième siècle, passe aux fonctions de décorateur, de directeur d'embellissements.

Louis XIV a voulu encourager les arts, mais il leur a laissé encore moins de liberté que Jules II & Léon X. Il leur a imposé ses idées, & elles étaient matérialiftes, puisqu'elles devaient être tournées exclusivement vers un soleil qui brillait sur la terre & non dans les cieux.

L'enseignement académique eft utile,

quoique les Grecs n'en aient jamais eu ; mais avec une inftruction facile à acquérir il faut être libre de l'employer suivant ses aspirations individuelles, ses croyances, ses pensées les plus intimes.

Les souverains, les princes, les puissants & les riches, par leurs encouragements, sont indispensables pour qu'un grand peintre puisse développer toute l'étendue de son talent, toutes les ressources de son génie. Ils reçoivent en échange la gloire qu'un grand esprit fait rejaillir sur un règne, sur un souverain qui a tous les mérites, puisque le siècle porte son nom au lieu de celui des grands hommes qui l'ont illuftré.

Mais ils sont impuissants à faire surgir un grand peintre, à le former. Rien ne vaut la liberté & la lutte pour les âmes trempées comme celles du Poussin.

C'eft du moins l'opinion du célèbre peintre français, disant un jour à un artifte qui lui montrait ses ouvrages : « Il ne vous manque, pour devenir un bon peintre, qu'un peu de pauvreté. » Ces paroles simples, profondes, honnêtes, auraient pu être prononcées par le grand Corneille.

Tous les peintres du seizième siècle étaient déjà dans la maturité de leur talent, lorsque les papes & les princes italiens les ont adoptés ; ils n'ont pas eu le mérite de la découverte, ils brillaient trop pour n'en être pas éblouis.

Louis XIII & Richelieu n'ont pensé au Poussin que lorsqu'il avait grandi par ses propres forces & loin de leur protection, ils ne l'eussent chargé d'honneurs & comblé de richesses qu'à la condition de le plier à la mode italienne alors régnant en France.

Louis XIV & son représentant Lebrun ont failli empêcher Le Sueur d'illuftrer la France, & Watteau exiftait déjà qu'ils ne s'en étaient pas douté. Parce que la renaissance a produit des maîtres immortels, & qui nous désespèrent par leur perfec- tion, ne disons pas qu'il eft impossible de l'atteindre & qu'on doit se contenter l'imiter. Non, il ne faut pas imiter leurs œuvres, il faut se servir des moyens qu'ils ont employés pour parvenir à en produire d'aussi grandes, ne rien négliger pour faire mieux & autrement, avec le secours de toutes les traditions, l'antique, le moyen âge, la renaissance & la nature, qui eft la base de toutes choses.

L'humanité eft essentiellement perfectible; son essence étant divine, il faut admettre que « Dieu n'a mis de bornes à ses dons que les bornes mêmes qui les rendent possibles, la limite inhérente à ce qui eft fini & ne serait point s'il n'était fini. Mais cette limite éternelle, éternellement fuira devant nous semblable aux ombres qui se replient devant l'aftre du jour, lorsque émergeant à l'horizon il monte, il monte encore; & notre grandeur eft de sentir que, si l'expression de notre être, au sein de qui tout émane, eft & sera toujours finie, elle n'a de terme que l'infini même. »
— LAMENNAIS.

Pour produire des œuvres dignes de

notre nature créée, pour comprendre l'infini, il faut être animé d'un sentiment religieux, seul capable d'amener notre développement intellectuel & moral. Nous
pensons, avec Vinet, que si « la poésie eſt
partout où il y a de l'enthousiasme, c'eſt-
à-dire de l'ardeur pour un but immatériel,
le scepticisme, lui, n'eſt poétique que si le
néant peut l'être. » Nous croyons que la
poésie vit de foi, d'une foi quelconque,
& quand la foi lui manque, elle y aspire
du moins, mais qu'elle ne saurait se
bercer dans l'incertitude sans s'y endormir
bientôt.

Et nous partageons l'opinion de Cha-
teaubriand, lorsqu'il dit « que de toutes les
religions qui ont jamais exiſté, la religion
chrétienne eſt la plus poétique, la plus humaine, la plus favorable aux arts & aux
lettres. »

Mais en ajoutant avec M. Victor Cousin : « Unissons l'art, la religion, la patrie,
mais que leur union ne nuise pas à la liberté de chacune d'elles. »

Nous ne pouvons plus avoir la foi naïve de Fra Angelico, de Le Sueur; ayons alors la foi réfléchie, pleine d'individualité, de Bartolomeo, du Vinci & de Michel-Ange, la foi de Shakspeare, « qui, comme poëte, n'eft ni catholique ni proteftant. Son drame n'a rien de théologique, il ne relève d'aucune croyance déterminée, quoique partout on y sente l'influence morale de l'élément religieux. » — LAMENNAIS.

La religion catholique, la religion proteftante, ont chacune à leur tour proscrit les beaux-arts au nom du chriftianisme. Toutes les deux se sont trompées, leur excuse eft qu'elles étaient poussées par une foi réelle, un sentiment légitime, la haine du paganisme.

« Érasme, l'homme de la tradition & de la liberté, l'homme de paix & de conciliation, ne demandait pas qu'on détruisît les flatues & les tableaux, « qui sont les prin- « cipaux ornements de la civilisation. » Il désirait qu'il n'y eût rien dans les églises qui ne fût digne du lieu. »

Ainsi donc, au seizième siècle, l'homme modéré par excellence voulait concilier les idées du moyen âge avec les idées nouvelles. Dans notre siècle, nous avons fait un grand pas de plus, nous voulons la liberté religieuse pour tous, & comme il eſt impossible & insensé de concilier le moyen âge avec le dix-neuvième siècle, nous voulons que chacun ait le droit & le courage d'arborer hardiment son drapeau pour que les masses ne se laissent pas abuser par les grands mots & sachent bien où eſt le passé, c'eſt-à-dire l'immobilité, où eſt l'avenir, c'eſt-à-dire le progrès.

Les grands poëtes ont toujours été les précurseurs des grands artiſtes, les inſtigateurs des grandes périodes de l'humanité. Homère a fécondé l'antiquité ; Apelles, Phidias, sont ses enfants. L'Homère de la renaissance, le Dante, a engendré les grands poëtes, les grands artiſtes de cette époque brillante ; il a inauguré l'ère de la liberté politique & religieuse, il a résumé dans son génie sublime les aspirations de tout un peuple qui le bénit toujours avec reconnaissance.

Malgré les œuvres qu'il inspire encore de nos jours, le Dante a produit dans l'esprit de l'humanité tous les résultats qu'on pouvait en attendre. Il faut, pour que le progrès se continue, qu'un nouvel aftre poétique se lève pour illuminer le monde; il faut aux générations de l'avenir une liberté de conscience plus large que celle que voulaient Luther & le Dante. Tous les despotismes ne sont pas abattus, & ils s'abritent souvent derrière ces grands noms. Leurs paroles se ressentent du milieu dans lequel ils ont vécu, & elles servent à faciliter le traveftissement de leurs pensées.

Plus de ténèbres, plus d'allégories, plus d'emblèmes; la responsabilité de l'homme vis-à-vis de Dieu doit être proclamée; la liberté d'agir, de penser, de croire, d'exprimer, eft son premier bien qu'on ne peut lui contefter, & seule peut le rendre grand & digne de créer de grandes œuvres.

L'art ne peut pas périr, il doit se transformer comme se transforment les générations, il doit être toujours l'expression la plus haute, la plus élevée des idées, des croyances des peuples à chaque grande période de l'humanité.

Lamennais ne désespérait pas de l'influence de l'art. Il croyait que l'artifte a encore une mission à remplir, aussi belle qu'au temps du moyen âge, alors que le peuple portait en triomphe la célèbre Madone de Cimabue dans l'église de Santa Maria Novella de Florence.

« Suivant le grand écrivain, la vie de l'art doit être cherchée non dans le passé qui ne peut renaître, mais dans ce qui germe & se développe au sein du présent. Les artiftes aujourd'hui, les artiftes véritables n'ont que deux routes à suivre. Ils peuvent, se renfermant en soi, individualiser l'art, en s'exprimant pour ainsi dire eux-mêmes. Mais qu'eft-ce qu'un homme dans l'humanité ? qu'eft-ce que sa pensée, son sentiment, ses impressions personnelles ? S'exiler de la sorte, c'eſt renoncer aux grandes inspirations, à éveiller des sympathies générales & profondes, à parler une langue entendue universellement; c'eſt dès lors tout ensemble & détourner l'art de son but, le rétrécir, le fausser souvent, & se condamner à un oubli certain, car tout ce qui dure a une base plus large. Ils peuvent enfin, descendant au fond des entrailles de la société, recueillir en eux-mêmes la vie qui y palpite, la répandre dans leurs œuvres, qu'elle animera comme l'esprit de Dieu anime & remplit l'univers.

« Le vieux monde se dissout, les vieilles doctrines s'éteignent; mais au milieu d'un travail confus, d'un désordre apparent, on voit poindre des doctrines nouvelles, s'organiser un monde nouveau; la religion de l'avenir projette ses premières lueurs sur le genre humain en attente & sur ses futures deſtinées; l'artiſte en doit être le prophète. »

Paris. — Imp. L. Poupart-Davyl, 30, rue du Bac.